12
最猛職人

12

最猛職人

家長老師快抓狂，熱血教官才能搞定的青春教養練習

難搞？難教？難相處？
與12~22歲孩子過招的祕技

黃正智／著

最猛職人 *12*

家長老師快抓狂，熱血教官才能搞定的青春教養練習

作　　者　黃正智
特約美編　李緹瀅
特約編輯　王舒儀
主　　編　高煜婷
總 編 輯　林許文二

出　　版　柿子文化事業有限公司
地　　址　11677臺北市羅斯福路五段158號2樓
業務專線　（02）89314903#15
讀者專線　（02）89314903#9
傳　　真　（02）29319207
郵撥帳號　19822651柿子文化事業有限公司
投稿信箱　editor@persimmonbooks.com.tw
服務信箱　service@persimmonbooks.com.tw

業務行政　鄭淑娟

初版一刷　2018年03月
定　　價　新臺幣360元
I S B N　978-986-95653-7-0

～柿子在秋天火紅 文化在書中成熟～

國家圖書館出版品預行編目(CIP)資料

家長老師快抓狂，熱血教官才能搞定的青春教養練習/ 黃正智著. -- 初版. -- 臺北市：柿子文化, 2018.03
面；　公分. -- (最猛職人；12)
ISBN 978-986-95653-7-0(平裝)

1.青少年問題 2.青少年教育 3.青春期
544.67　　107000910

推薦序【按姓氏筆畫序】

教官是校園中的守護天使，也是維護校園的強大力量，本書提供了許多解決問題的創意思考及方法，身為教育者的你不可不看！

南投高中老師，**吳慕雅**

每個人在生命中各階段所遇到的任何人事物，像是親人、師長、同學、朋友、同事，都會讓生活增添色彩。正智兄將他與學生、家長、老師的互動，撰寫了這本《家長老師快抓狂，熱血教官才能搞定的青春教養練習》，文章中以「對話」的方式呈現，希望讓讀者更能融入情境，了解當孩子遇到不同人生難題時，做為教官的角色該如何陪伴、協助學子們脫離困境並找到方向。

學校教育除了教導學生面對未來職場的能力，更需要培養學生同理、守法的公民素養，然而，要讓學生能接受就必須靠有效的溝通，溝通是一門深奧的學問，在學校中正確的溝通能夠幫助解決師生或學生們之間的衝突，好的溝通除了可以促進人際關係，也可以減少許多敵對關係。然而，坊間很多教育相關的書籍大都著重在幼兒教育，講述如何與青春期孩子（高中生、大學生）溝通相處的書籍卻少之又少。正智兄的這本書，不只詳細記載了面對青春期孩子的疑難雜症該如何「出招」，藉由這些精彩絕倫、高潮迭起的故事，更讓讀者得以一窺教官的日常，堪稱家長必備的參考工具書、幫助老師精進的帶班活教材，值得推薦！

教育部澎湖縣聯絡處軍訓督導，**桑治強上校**

看書特慢的我，很難得可以利用週末假期一口氣把正智的大作拜讀完畢。真的好看！當家長的要看、當教官的要看、當老師的要看、當校長的更要看，調皮的學生在高中畢業後才看（不然，我們的步數都被學生看穿了）。真希望，我們的中央民意代表、首長們，也能閱讀此書。

擔任過四年學務主任、校長任期第九年的我，辦學上相當倚賴學校教官，對於教官為學校經營的努力與奉獻也常存感恩的心。

個人自認是一位盡責的學務主任、校長，對於學校的大大小小事務，均能有所掌握，直到讀了正智的書，突然發現自己是如此幸福。教官們為校園所做的事、承擔的壓力與心情轉折，超乎我的了解。學校經營之所以能順利安穩，常仰賴站在最前線教官們的折衝與妥處。正因如此，我這篇序文久久不知從何下筆——適逢學校教官們的工作環境持續變動、充滿不確定性且變得較不友善的當下。

誠如書中附錄所述，溪湖高中的學務處教官室，一向是屬於顏值高、能力強、向心力佳、和諧且溫馨的大家庭。大家在自己的工作崗位上各司其職、互助合作、盡心盡力，為教育而努力、奉獻心力。就組織管理、人力資源發展，激勵制度設計、個人生涯規劃的角度而言，溪湖高中學務處的同仁可以成為大作家、晉升上校、獲遴選為校長……是很自然的。

正智以其擔任軍訓教官的實務工作案例與經驗，提供處理青春期孩子問題的建議與指引，對於家長、老師及學生均有相當的參考價值。個人很想籍由這本新書的出版與大家共勉：「做真正的自己，縱使環境變得艱難，只要有心，設定正確目標，勇往直前，我們不僅會在工作領域有所貢獻，也能擁有屬於自己的一片藍天。」

謝謝正智，謝謝這一本書的出版。

「一切都是最好的安排。」期待正智下一本書籍的出版。讓我們繼續共同加油、努力！

國立溪湖高中校長，**楊豪森**

值此教官全面退出校園、改以校安人員協助的過渡時期，或許有其時代背景因素的考量，但對長期以來認真負責、用心付出的多數教官同仁，誠願給予高度的欽佩與肯定。教育現場所需面對的是千變學生心理差異的萬變生態，因學生個體本身思想、行為、意識、情緒等因素，加上同儕流行潮流、科技創新的助燃，教育工作者勢需不斷的進修與學習，始能適切適時的輔導協助。

當教育內涵被簡化，影響教育本質時，勢必忽略學生個人能力的開發與創新，減損對大自然生命態度的肯定與尊重，而導致文化生態的變質和扭曲、生活態度的冷漠和空虛、道德責任的貧乏與低落，故教育工作者不得不慎思。丹麥哲學家齊克果說：「表象如浮標，本質是魚鉤。」

前教育部長吳清基先生在《站在教育的高峰上》中談及：「學校不是天生的淨土，之所以成為淨土，是教育化人而來。」作者以海軍官校及政戰學院外文所碩士背景，歷任陽字號軍艦、掃雷艦及飛彈快艇的重要軍職幹部，轉任軍訓教官後在高中職及大學服務，自有其領導統御的精微技巧，這就是處理校園危機事件的關鍵能力。

本書共分五大章，分別從人際關係、感情學分、師生對峙、危機處理、溝通管理來探討，有非常感人的對話過程，把高中職及大學生在校園可能發生的偏差行為與迷惑，透過符合個資保護原則的實際案例真實呈現。此外，每篇都附有「親師充電站」的評語與建議，對從事教育相關工作者——特別是老師或家長——都有很具體明確的參考價值。教導學生認輸、服輸需要高度的專業溝通技巧，細心且幸運的讀者定能在本書獲益良多。

前國立溪湖高中校長，**蔡慧登**

幽默風趣、機智認真又具有暖男特色，是我對正智學長的印象。猶記得當初在中正高工一起共事時，看著學長處理學生事務的有條不紊、通情達理，實在令我佩服，得知他為理想轉換跑道，一圓寫作夢想時，也更加激賞學長的勇氣。

與青春期的孩子過招，需要絕佳的智慧和包容，是每位父母、師長必經的課題與修煉，正智學長匯集了他在教官生涯中值得記錄的事件，透過幽默風趣又深具智慧的筆觸，讓讀者一睹校園的實際樣貌。在〈意義深遠的畫框〉中，正智學長在莊小弟的食譜筆記留言：「不管以後你做什麼，我希望你就算是賣陽春麵，也要做到彰化第一，不要讓別人看不起，你可以的。」我相信這是一位對教育有絕對熱忱的人發自內心的鼓勵，這個故事觸動我對教育的正向動力。

一位有智慧的寫作者，把他看見、聽見的好東西都寫在了紙上，讓我彷彿也看見了、感受到了那一份有力量的同在，還有對教育工作的期待。書裡，還藏了好多好故事，值得大家探索玩味。正智學長將與青春期孩子相處的火花轉換成美麗的煙花，激發他們創造出璀璨人生。願讀著這本書的您，也能有精彩的發現！

高雄市政府教育局軍訓督導，**賴裕民上校**

當年成功大學光復校區的餐廳有一個專賣焢肉飯的攤位，每到中午時刻，香滑肥嫩的焢肉總讓人垂涎三尺，入口即化、香而不膩的紅燒五花肉固然好吃，但絕對是身材的大敵。

聰明的同事想到了一個比較「無害」的搭配：「老闆，我要一碗焢肉飯，飯少一點，青菜多兩片，焢肉換成肉燥，加一顆滷蛋。」

「呵呵，教官你怎麼這麼『龜毛』！」老闆笑著端上客製化的餐點。

「沒錯，我就是要吃龜⋯毛⋯飯。」同事模仿周星馳的特有聲調回答老闆。一旁的學生忍俊不禁，有樣學樣狂點「龜毛飯」。自此，「龜毛飯」儼然變成招牌。

那位同事，就是本書作者。

正智學長在成大任職時，最常聽到大家對他的「讚美」是：「正智當教官真是太可惜了！應該到演藝圈發展才是。」他幽默風趣，說學逗唱無一不精，有他在的地方，歡笑不斷。多虧有這麼一位才華洋溢的教官，扭轉了許多人對教官的刻板印象。試想，有誰能將《孫子兵法》寫成歌曲教唱，讓選課的學生大呼過癮？

我們常搭配值班，大學生的夜晚比白天更美，也更險。半夜處理車禍已是家常便飯，偶爾還會接到啜泣不語、讓人毛骨悚然的電話。唯一讓人安心的是，你的搭檔兼具正氣與智慧，肯定能逢凶化吉。即使熬著一個又一個疲於奔命、狼狽不堪的通宵，但那完成任務後，彼此佈滿血絲的雙眼、相視而笑的默契，都是職場中無可取代的情義。

每位教官都有許多陪伴學生成長的故事，只是多半珍藏於當事人心中，直到師生重逢，重啟記憶、暢談回味。如今，隨著軍訓教官制度未來可能落幕，這些溫馨感動的片段只怕也將失去歸屬，幸而有正智學長的新作，凝聚我們難以或忘的初衷。

這一次，正智學長於書中巧妙地運用他獨到的智慧與幽默面對嚴肅的教育課題，讓周遭的人樂於親近並接受他的建議，好比良藥苦口，前提是患者願意服用才有療效。

閱讀正智，總讓我聯想到侯文詠，醫界有侯文詠，教官界有黃正智啊！

教育部臺南市第二聯絡處軍訓副督導，**韓世偉上校**

正智教官是我在溪湖高中服務時的好夥伴，當時我擔任學務主任一職，每天處理的大小事務都與學生有關，雖然孩子們的各種問題多且雜，但能和一群熱誠專業、有愛心的教官們一起工作，且能幫助同學順利度過苦澀的青春期，這讓我覺得很欣慰，那是一段值得回味的美好時光。

得知正智出書並邀請我幫忙寫序，我感到很榮幸也羨慕他的才華。生命中的相遇已是十多年前的事，迄今雖然事隔多年，但是他待人謙和有禮、做事認真盡職的特質，至今仍令我印象深刻。

教育哲學家哈欽斯（Robert Hutchins）提到：「教育的目的，是準備好讓孩子一生都能教育自己。」一本書記錄了正智擔任教官時面對不同孩子問題當下的應對過程，細細品味著他對學生的關愛，以及學生給他的正向回饋與改變，師生間的情誼著實令人感動。

書中以對話的方式呈現了輔導學生的策略與解決問題的技巧，每一個案例的結尾還以「親師充電站」的方式，提供他反思處理問題時的思維及建議。這是一本值得閱讀的好書，希望讀者們能和我一樣，感受到一位教育工作者不平凡的風采。

臺中市立大甲高中校長，**蕭建華**

正智老哥是我進海軍官校新生隊的分隊長（教育班長），每當想起剛進海軍官校那段「小老虎」生活（一年級），就會想起他那時帶我們是用自律的身教、嚴格的標準、詼諧的方式，引領我們認識海軍官校的生活和教育環境。

德國教育家福祿貝爾（Froeebl）曾經說：「教育之道無他，唯愛與榜樣。」感謝正智老哥將他在擔任教官服務期間和學生互動的輔導對話過程及想法分享給讀者。其中，「意義深遠的畫框」這篇文章讓我印象深刻，正智學長運用了正向的教育力量改變了那位學生的一生，而他只是給了學生一個目標——「就算是賣陽春麵也要賣到彰化第一。」有時候，僅僅只是師長的一句話或是一個動作，都可能成為改變學生的貴人。

正智老哥轉任教官後，絲毫不減當年的幽默，在輔導學生的案例中可以看到他運用了很多的技巧，而且每則輔導個案都會使用不同的標準來化解疑難，同時還要兼顧學生的心理。在輔導的過程中有時手握校規的大刀，有時也扮演著像慈母般的角色，其嫻熟的轉換溝通技巧，讓學生、家長、老師能心服口服。

透過這本《家長老師快抓狂，熱血教官才能搞定的青春教養練習》，相信可提供給家中有青春期孩子的父母一些參考，透過教官的視角實況轉播校園的真實畫面，也可讓我們目前在學校的教官同仁有一個學習的榜樣。

教育部桃園市聯絡處軍訓督導，藍元均上校

具名推薦

黃鴻穎，國立花蓮高工校長

Contents

Contents

自序

我出生在高雄市前鎮區的眷村，家長們大多是聯勤兵工廠的職員。爸爸是個外向熱心的人，經常穿梭於鄰居、朋友的婚喪喜慶，對我的教育屬於無為而治型。媽媽則是全家的實質掌舵者，也是我的第一個教官，經常訓勉我要誠實、負責。猶記得小學三年級，我養了一堆的蠶寶寶，養沒多久便懈怠了，變成媽媽從旁協助飼養。有一次我沒注意到冰箱裡的桑葉已經吃完，待我發現時賣桑葉的雜貨店已打烊，媽媽要我去公園找找看有沒有桑樹，我卻因為忙著看電視而不以為意。過了許久，只見媽媽滿頭大汗的提了一袋桑葉回家，原來，她在公園裡找不到桑樹，只好跑去左鄰右舍碰運氣，最後打聽到某戶人家的庭院裡有桑樹，媽媽才硬著頭皮敲門進去採桑葉，只希望不要讓蠶寶寶餓肚子……這件事情讓我很慚愧，也學到什麼叫責任感，媽媽的身教比言教更有效果。

小學五年級時，有一堂數學課進行隨堂考試，考試結束後，老師立刻改完並當場發考卷，同學們則照著老師的唱名一一前往講臺領回考卷。輪到我時，老師冷不防的呼了我一巴掌，霎時，我的左臉一陣紅通通，羞憤難當，唯一的印象是老師說了一句話：「你是豬啊！」我撿起被扔到地上的考卷回到座位，久久無法言語。

班上同學都知道，老師會偏袒去他家補習的同學，反觀我們這些沒去的孩子，就彷彿是下等人，每次隨堂考試，幾乎都是我們這些「窮孩子」被處罰，那些去他家補習的同學則能輕鬆過關，其中有位同學很得意的透露，老師事前已經讓他們練習過考試的題目了，問我們要不要一起去補習，這樣她就可以拿介紹費。事隔三十多年，我的左臉頰依舊感受到陣陣灼熱，也發誓以後若有機會當老師，絕對不能像他一樣，這位老師讓我明白什麼叫做偏心、有辱師道。

就讀中正預校是我人生的轉變契機，我開始大量的接觸到不同長官的領導統御風格，從預官排長、連長，一直到校長，都是我觀察的對象。長官有嚴厲的、自私的、打混的，也有負責的、搞笑的、幹練的，有人讓我生氣，有人讓我服氣。我記得張湯書連長曾經在每天晚點名後帶我們去爬竿場練習爬竿的速度與默契，同學們私底下個個怨聲載道；後來全校比賽時，我們連拿了同年級第一名，讓我們感受到辛苦沒有白費，士氣無比高昂。我因此看到張連長不計毀譽、確定目標、全力以赴的軍人本色，好樣的！

升上海軍官校後，如影隨形的學長制壓得我們喘不過氣來，這些學長扮演教官兼法官的角色，處罰學弟毫不心慈手軟，他們每天都在示範以力服人與以德服人之間的差異，只要用心體察，就知道為何有的學長孚眾望，有的則是喊破喉嚨沒人理。等我當上新生隊幹部時，便有了練習的機會，看學弟的表情就能得知他們服不服氣、領導得不得要領，我不斷的學習、實做與修正。

官校畢業後到軍艦上服役，需要直接面對義務役的士兵，如何帶領他們也是一門重要的課題。我在惠陽軍艦擔任戰情官的時候，有一次某位阿兵哥來找我請假，由於他在軍艦上的紀錄不佳，曾經酒醉鬧事、逾假歸營，所以我就提醒他「不要逃兵」，沒想到他的反應非常大，說我侮辱他。這件事情讓我一直深深自責，我當時的口氣很差，一副瞧不起人的模樣的確傷害了他的自尊，我不該倚仗「官威」來壓制對方，這個事件是我處理不當，應該檢討並深自警惕。

調職掃雷艦擔任作戰長時，陳新發艦長對我實施了脫胎換骨的大改造，他學養豐富且標準極高，出海操演時只要任何一個環節沒注意到，他都會立即糾正、指導，甚至當場責難我，令我相當難堪。那時我的意志相當消沉，就連進官廳用餐也如坐針氈，每當夜暮低垂，我總會反省自己到底哪裡出了問題？我真的那麼差勁嗎？

然而，愈緊張愈容易凸槌，我甚至因此犯下一個大錯。那時候，我們軍艦接受「航安督察」的任務，因為是艦長的重要績效，全艦官士兵莫不神經緊繃的戮力準備，沒想到卻在最後一刻出了差錯——因為我前一天忘記發電報給港口管制單位，導致軍艦無法出港實施操演，當下我嚇到六神無主，中將督察長更是面色凝重。雖然補救之後還是讓軍艦出港完成任務，但我的失職讓艦長臉面無光，他的失望想必不可言喻，我也早已做好要被懲處的心理準備。沒想到，平日驃悍的艦長沒有責怪我，軍艦返港後他一句話都沒說，而是給彼此時間消化情緒，為我們的關係做了緩衝。他沒有在盛怒下責罰我，保留爾後相處的餘地，我也因此學到寶貴的一課：真正的領導者不只是帶人，更要帶心。

念完研究所之後我如願回海軍官校外文系任教，在一次無預警的狀況下，我被調職到馬祖，這對我來說簡直是晴天霹靂，因為我的新婚妻子九月才剛確定懷孕，十月分我就要離開她去外島任職。我冷靜而仔細的分析，馬祖的任期結束後，下一個單位回軍艦服役的機率頗高，由於自己暈船很嚴重，而且要離家奔波難以兼顧家庭，於是在和家人討論後決定轉任軍訓教官。民國九十一年八月三十日，我到彰化縣溪湖高中報到，兒子當時四個月大，我開始在校園與家庭間轉換身分。

直到當了教官，我才發現什麼叫如魚得水，當時我住在學校的宿舍，幾乎每天都是帶著微笑起床，然後神采奕奕地期待上班，站校門口路隊導護時和進校的教職員、學生問早道好，順便為自己加油打氣，我知道接下來又是美好的一天。即使已是十五年前的陳年往事，我卻還記得當時的悸動；就算轉任教官的薪水比在部隊差很多，我還是甘之如飴；即便每天忙得不可開交，我依舊滿心歡喜，因為在與學生的相處中，我看到了自己的價值。

離開溪湖高中後，我陸續遷調成功大學與高雄市中正高工，只希望能夠離家近一些，好照顧家中妻小。奇妙的是，我發現教養孩子的過程與我在學校處理學生問題有高度的關聯性，雖然狀況各異，但許多原則與方向是一致的。教官既要處理學生外在的失當行為，也要細心體察他們的內在掙扎，尤其是青春期的孩子，更需要有兩把刷子才能搞定他們的疑難雜症。

我是兩個孩子的父親，當學生犯錯、求助、困惑時，我大多會以一個家長的心態來解決問題，因為我把他們當成自己的孩子，所以希望能有技巧的解決他們的問題。將近十年的教官生涯，我覺得有必要不藏私地揭開教官的神祕面紗。教育是一門高深的藝術，沒有誰是專家，我分享這些歷程供家長參考，但願這些孩子爾後能記得，他們的青春時期有一位教官幫忙解決過問題、陪著他們走過這段無以名狀的賀爾蒙失調歲月。

我溫柔慈祥的媽媽、打我一巴掌的導師、堅持執著的張湯書連長、被我羞辱的阿兵哥、治軍嚴謹的陳新發艦長，分別給了我不同的啟迪，在我生命中留下不滅的印記，潛移默化的教導我拿捏教官的本分。身為父母幾乎比任何工作都困難，關於教養孩子，我們受到的訓練不夠，結果如何卻又特別重要。教官身為化解學生衝突、修補師生歧見、潤滑親子感情的第一道防線，我深深地以自己的角色為榮。

P.S. 本書除了自序、教官同事、註釋、給教官「比心」及附錄所述人物外，各篇主角、家長、老師皆為化名，所述內容為避免造成當事人困擾並兼顧個資法，其科別、班級、近況亦經過修改。

當我在高雄市中正高工擔任教官時，一位二年級的洪姓男同學因為在校外騎機車被我查獲（無照駕駛），依照校規給予懲處，同學母親於是來教官室找我懇談。

「教官，我都不知道他在偷騎我老公的機車，實在氣死人！他爸爸警告他好幾次就是不聽，還跟我們頂嘴，說同學都在騎，真是很傷腦筋。」洪母說。

「嗯，他跟我說當天有三個同學共騎一臺機車去妳家，說要看妳先生『送他的機車』，他就騎上機車與他們出去玩了。」

「我老公回去一定會揍他！」

「沒有必要，」我搖搖手，「請妳去五金行或大賣場買一副大鎖，平時就將機車鎖起來，放鑰匙的地方別讓他知道，這樣一來，下次他的同學騎機車來邀他時，他可以很誠實地說：『我沒辦法騎，我爸爸把車鎖住了。』這樣既達到妳的目的，又能讓兒子下得了臺！」

這個方法是我從利奧納德・薩克斯（Leonard Sax）的著作《養男育女調不同》

所闡述的一則故事中產生的靈感，我將這個方法提供給好幾位家長，效果都挺好的，這也是我書寫本書的目的，希望能提供我綿薄的力量協助家長、教育人員與這些孩子打交道。

本書的內容敘述如何與青春期孩子相處、幫他們解決問題、適度的紓解情緒，藉由我擔任軍訓教官這個角色所遇見的狀況來見招拆招。並將自己與學生、家長、老師的互動，以對話的方式完整呈現，讓讀者彷彿身歷其境，以闡述其中愛心教育、誠摯服務及溝通管理的心得。

每篇案例結尾的「親師充電站」，期待能帶給家長一些建議與提醒，若能提供老師在帶班方面的一些靈感，那更是我的榮幸。期待您可以在書中找到共鳴與啟發，扭轉親子關係或師生關係，開始享有您期盼已久的和諧互動。

Part 1

人際關係

根據教官在校園的多年經驗，學生之間發生糾紛大多是沒處理好人際關係，才會沒事變有事，小事變大事。某人若人緣不好，背後肯定有其原因，但是，他本人往往「自我感覺良好」，反而是我們這些旁觀者很清楚問題所在。

美國著名成功學家安東尼．羅賓斯（Anthony Robbins）曾說：「影響人生成功的最重要因素，不是人的才華、家庭背景等，而是人的社會關係或好人緣。」

所以，人際關係處理好，做任何事都會如魚得水，反之則寸步難行！

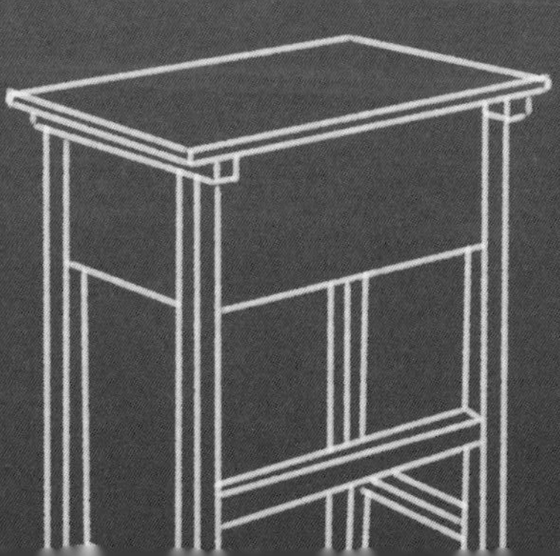

對症下藥

人有時真的很奇怪，你對他愈好，他愈不珍惜，甚至爬到你頭上撒野。往往家長一個不留神，就把寶貝孩子寵成野獸，然後再反噬你，繼而抵抗這個社會。有時，需要旁觀者予以當頭棒喝以收奇效。

溪湖高中某班二年級，有一位極度不合群又行為詭異的男同學名叫鄭恆鈞，他常在班上拿擠完青春痘的衛生紙隨地亂丟，午休時「不小心」會拉到女同學的內衣肩帶、下課時對著同學念咒語，甚至會畫限制級的漫畫硬塞給同學欣賞。因此，班上同學沒人願意與他做朋友、一起抬午餐的餐桶或同組做實驗，全班顧人怨第一名非他莫屬。我在班上都叫他小鄭，希望感覺親近些。

鄭恆鈞平時上我的課時，常會藉由吐槽我來彰顯他非凡的膽識與見識，例如，講到野外求生的有毒植物辨識時，他會說：「有毒植物吃了不見得會死，但是肚子餓了就一定要吃，所以不必認識有毒植物。」上到國防科技，我拿了一架美軍F-22

的戰機模型給同學講解，介紹完它的性能，有同學問說臺灣為什麼不買這種高檔的機型，我表示美國不准出售這種飛機到國外，他便笑出來：「教官，我聽說沙烏地阿拉伯有買到喔，只是美國不讓我們買。」這種情況屢見不鮮，我和同學都習慣了。他是個軍事迷，立志將來要去甄選ＣＩＡ（美國中央情報局），我明知錄取的機率比恐龍復活還要低，但還是敷衍的給他加油。

由於知曉他的習性，上課被他干擾時我其實不會太生氣，有時會先看他一眼，然後馬上延續我未完的課程，故意忽略他的隨意放炮，他看了我的眼神與動作，也會很有默契地知道我在開他玩笑。若是和他爭辯，事情反而會沒完沒了，也影響其他同學的受教權。

我配合軍訓課創作了一首〈孫子兵法進行曲〉，既能在課堂上讓同學練唱，又可以參加全國軍訓教學卓越獎比賽，可謂一舉兩得。為了讓同學更有學習《孫子兵法》的動力，我表示會將演唱的過程錄下來，然後挑選唱得最好的班級錄製成光碟寄去比賽。在此誘因下，各班莫不摩拳擦掌，戮力練唱。

人，是奇怪的動物，看到錄影機就會迸發出驚人的潛力，腎上腺素會引導你做出異於平常的舉動（看看民意代表就知道）。有的同學平時喜歡耍酷，上課漫不經心，練唱時也只是對嘴打混，等到正式錄影那天，他就非要擠到最中間的位置，還奇蹟般的將歌詞都背熟了，甚至還會幫我糾正唱不好的同學。

小鄭堅持《孫子兵法》是美國人寫的，也不認同兵法的內容，我知道他一定不會配合練唱，同學都希望我當他是空氣，以免影響整體。那天輪到他們班上鏡頭，眾人開始排隊形時，他就像一座六萬伏特的高壓電塔，沒有人願意站在他身旁，場面尷尬難堪。

「小鄭。」我向他招手。

「怎樣？」小鄭的防備心很重，但還是走了出來。

「等一下你幫我一個忙，看住同學的書包和個人物品。」我微笑的說。因為已經是第七節課，同學們便將書包拿到樓下，方便結束後直接放學。

「為什麼找我？」

「因為啊……」我低聲說，「我覺得你很有責任心，會把同學的東西顧好，現在我特別指定你當CIA臥底在彰化的探員，幫我監視班上同學誰沒有認真唱，下課後偷偷告訴我。」

「Yes Sir！」小鄭先敬禮，然後右手握拳在胸口拍兩下。

於是，班上同學順利的演唱，我也完成了錄影的進度。

下課了，我拍拍小鄭的肩膀，「幹得好，Michael。」這個名字是我臨時替他亂取的——為了符合他ＣＩＡ臥底探員的身分。

當我轉身準備離開時，小鄭把我叫住。

「教官剛才是唬爛的對不對？」小鄭瞇眼賊笑，「講得這麼好聽，其實是要利用我。而且，當ＣＩＡ哪有這麼容易。」

場面有些尷尬，我一時不知道該說什麼。

「我要代替月亮懲罰你！」小鄭舉起手比劃。

我後退兩步，不明所以，「我什麼時候得罪月亮啦？」

「呵呵呵，教官，跟你開玩笑的啦！你是好人，我不會對你下咒語。」小鄭說完，拍拍我的肩膀，拿起書包就跳著離開我的視線。

某一天早上，小鄭的母親突然跑到教官室指名要找我。因為導師剛好在上課，經打聽後得知我是她兒子的輔導教官，鄭母覺得我一定可以「輔導」她的兒子。

「教官，你要救救我兒子。其實他小時候很乖，我和先生離婚後，他的異位性皮膚炎就變得很嚴重，人也愈來愈不聽話，前幾天，他抱怨說因為皮膚炎的關係被同學排擠，今天還說以後不想再上學了，躺在床上不肯下來。我不知道該怎麼辦才好……」鄭母話匣子一打開就停不下來。

聽清楚鄭母的來意後，我明白她可能誤以為我是輔導諮商師，才會冠上「輔導」二字。我剛好這兩節沒課，看她急得滿頭大汗，也不忍心推辭——我完全可以了解為人父母的焦急。

我仔細聆聽鄭母的描述，前夫的不負責任、小鄭在家的種種蠻橫霸行……所有的規矩他都聽不進去，做母親的怕得罪兒子，因而一再退讓。我勸她要設定規矩，例如何時該睡覺、上網、上學，也不可以對她不禮貌。鄭母說很困難，因為已經管不動了，還遞上她的手機，拜託我撥電話勸她兒子來學校。我同意試試看。

「喂，鄭恆……」名字都沒說完，我就被掛電話，只能錯愕的望了鄭母一眼。他的舉動激發了我的戰鬥意志，我將手機還給她，拿起學校電話再撥一次。

「喂？」小鄭有氣無力的回應。

「我是黃教官。」

「幹嘛？」

「不准掛，」我語氣強硬，然後劈哩啪啦說了一串英文，「聽懂了嗎？」

「聽不懂。」

「英文聽不懂還不來上課，還要考什麼ＣＩＡ？」我說。

「我又沒說要考……」

「你明明就有說過，一個男人說話不算話，丟臉！下午給我來學校上課，聽到沒有？」我大聲吼著，鄭母緊張地在我面前猛搖頭、搖手，想阻止我說話。

「不要。」

「什麼不要？異位性皮膚炎又不是你的錯，憑什麼以這個為藉口不來上課？班上同學我會去告誡他們，下午先到教官室來找我。I want you back, soldier.」

「好啦！」

「沒有過來你就完蛋。」我狠狠地掛上電話。

鄭母面無血色的看著我，她大概從來沒看過像我這樣的輔導方式，現在想必很後悔，竟然來找我幫忙。我提醒她除了下課時去找導師之外，還要去教務處了解小鄭缺曠課的時數。她說想先去班上跟同學求情，請他們不要排擠小鄭，說著說著便掉下眼淚。但我覺得不妥，建議還是由我去跟同學說。

最後，鄭母噙著淚水向我道謝，看她離去時的蹣跚步履，著實令人同情。

午休時，我前往教室與同學們溝通，稍微提到鄭母來校關心的始末。好多同學跟我反應小鄭最近的劣蹟惡行，我除了勉勵同學努力向學、化解怨恨，也要求他們別再與小鄭糾纏。此外，我還向他們強調異位性皮膚炎會讓患者很不舒服，但並無傳染性，希望同學能體諒他。倘若小鄭再做出奇怪舉動，歡迎同學向我報告，由教官來處理會是比較好的方式。

下午，小鄭總算是來學校上課了，我在教官室裡和他懇談，提到同學的不友善時，他突然在我面前掉淚，我可以想像這種被排擠的感覺。我跟他分享以前我讀預校時也有同學被大家孤立，後來憑著改變自己而重新贏得友誼，想藉此鼓勵他。離開教官室前，我提醒他不得再無故曠課，也要改進對媽媽的態度，他不置可否。

小鄭發生罷課事件後，偶爾會聽到班上同學來向我反映他上課與老師鬥嘴的事蹟，倒是沒再聽說他和同學有什麼糾紛。然而，據他的班導師告訴我，小鄭在班上的人緣還是不佳，只是他都把重心放在課業上，不大在意班上事務，就連畢業旅行也是導師與他懇談之後，他才願意參加的。

一年多後，我已經遷調到成功大學服務，某日同事轉接一通電話給我，說是我的學弟找我。

「喂，您好。」我說。

「學長好。」

「請問你是？」

「我是鄭恆鈞。」

「鄭……恆……」我不認識這個學弟，有些莫名其妙。

「我以前讀溪湖高中，是你班上的啊！同學在唱歌我幫忙顧書包……」

我記得了，心裡想著他真是神通廣大，竟然能找到我。他說自己考上了海軍官校，問我有沒有熟人，想要我罩他。

「你怎麼知道我在成大？」我問。

「問ＣＩＡ啊！」

「問你個頭啦！對了，你不是要考ＣＩＡ？」

「這種鬼話你也相信。」

「哼哼，我只是不想打擊你。」我不甘示弱。接著，我問他為何選擇當軍人，而且還是海軍官校，他說白色軍服比較帥，而且可以有很多看海的日子，可以不必回家、可以到美國當武官、可以報效國家……愈說愈離譜，志向還真遠大。

他問了很多我在軍艦上服役的細節及生存「眉角」，卻對海軍官校的生活不聞不問，顯然還很天真；我提醒他，當年我進海官時，學長命令我們在鴨舌帽的內側寫上「服從」、「忍耐」這四個字，我也將這兩個心法傳給他，能夠「罩」他的是這兩個態度，而不是靠任何人的加持。

親師充電站

為何我在打電話給小鄭時對他不假辭色，甚至有教訓意味？

首先，我覺得好言相勸無效，因為他料準媽媽拿他沒轍，才會如此狂妄任性。其次，我知道他其實很在乎學業成績，聽同學說他每次考完試後都會問其他同學考幾分，我因此判定他不來上學只是威脅母親的伎倆。最後，也是最重要的一點，他對美國有異常的崇拜，曾經拿著一張海報到教官室，想看看我知不知道這張海報的背景，希望能當面給我難看。

海報上，山姆大叔表情嚴肅的以右手食指指着前方，下方的字體寫著「I WANT YOU FOR U.S. ARMY」（我要你加入美國軍隊）。

我回答他，這是一九一七年美國對德國宣戰後不久，紐約的一個畫家（名字我忘了）為美軍徵兵畫的海報。當時，數以百萬計的美國人自願從軍前往法國戰場，美國募兵處相信，正是這張具有渲染力的海報激勵了無數的美國年輕人——其實海報畫家是參考英國之前的徵兵海報而畫出了這張海報。

我一一回答後，小鄭沒多說什麼便離開了，下一次上軍訓課就聽他說要去考美國海軍三棲特戰隊（俗稱「海豹部隊」），隨後因為異位性皮膚炎惡化不適合長時間泡在海水裡，才把志願改成CIA。

基於上述幾點，我認為他對自己夠不夠Man很在意，也應該有從軍的念頭，用軍人的氣概來說服他反而能讓他聽進去。最後我說的那句：「I want you back, soldier.」就是把他當成士兵來下指令，和那張海報有異曲同工之妙。

我很同情鄭母的處境，也看得出來她一昧委屈求全的教養模式。我處理過許多案件，明白大多數的孩子都會欺善怕惡，家長的軟弱正好助長了孩子的為所欲為。法國思想家盧梭（Jean-Jacques Rousseau）曾說：「你知道運用什麼方法，一定可以使你的孩子成為不幸的人嗎？這個方法就是對他百依百順！」

分數真的最重要嗎？

我的同學之中已經有四位升了將軍，他們在海軍犧牲奉獻、克盡職責，這份榮耀他們當之無愧；他們能升官並非倚靠學校的畢業成績，而是畢業後的工作表現與敬業樂群。現在回想起來，當初念軍校時為了分數斤斤計較實在沒必要，還記得學校為了「激勵」同學，每次在大餐廳考試都是按照前次考試的成績總排名來安排座位，第一名坐第一排的第一個位子，第二名以此類推，若是名次太後面而桌椅不夠坐，自己還得搬教室內的課桌椅去餐廳考試，場面十分尷尬。然而，將來誰的成就高呢？說不定將來某一天，曾經搬桌椅去餐廳考試的同學做到了國防部長，猶未可知啊！

我在溪湖高中負責管理宿舍，校方規定住校學生週一至週四晚上七到九點必須參加晚自習，教官的職責則是掌握人數、陪讀、維護秩序。我在七點以前就要到四樓自習教室，由中隊長點名後向我回報人數，順便解決學生的一些疑難雜症。某晚，當我踏著樓梯拾級而上，赫然發現一位女同學站在三樓樓梯扶手旁，對著窗邊凝思。

我警覺不對勁，「方翠萍，妳在這裡幹嘛？」

她並沒有回答，只是緩緩的將頭轉向我，看起來就像是櫻桃小丸子的同學「野口」——同樣的髮型、同樣的表情、同樣的陰森低沉。看到她的淚水在眼眶裡打轉，一陣涼意頓時襲上我心頭。

「晚自習時間到了，趕快進教室啊！」我催促著。

她站著不動，委屈的淚水有如萬馬奔騰般長驅直下。見狀，我立刻將她引導到四樓走廊明亮處——一方面是怕其他同學誤以為是我弄哭她的，此外也想讓負責點名的中隊長知道她在這裡。

「怎麼了，失戀啦？」我猜。

她搖搖頭。

「考試沒考好？」我再猜。

她仍舊搖頭。

「妳殺人了？」我亂講。

她噗哧一笑，猛地吸著鼻水，又哭又笑的看著我。

「有什麼問題跟教官說，教官幫妳解決。」我說。

「我數學考不及格。」她說。（內心ＯＳ：哇哩咧！這不就是考試沒考好？）

「沒關係，下次考好就行了嘛，別難過！」我安慰她。

她嘟著嘴狠狠的搖頭，就像趕蚊子一樣，「為什麼數學老師要刁難學生？」

「不會啦！老師怎麼會刁難學生，妳們班最厲害的考幾分？」

「我的腰椎和膝蓋也不舒服。」她撐著腰。（內心ＯＳ：擅自轉換話題，她以為是在跟神明溝通嗎？）

「喔，有受過傷嗎？」我問。

「車禍。」她將頭低下來。

「有沒有去看醫生、做復健？」我問。

「沒有用，」她鼻頭紅了，「尤其是冬天，或是下雨，就會開始痛……」

我點點頭，「嗯，這樣的話，以後有一樣工作適合妳。」

「什麼工作？」

「氣象預報。」

「為什麼？」

「因為以後妳只要腰痛，就可以上電視指著氣象圖：『各位觀眾，今晚將會有一波大陸冷氣團南下，預估溫度將會下探十度，十—度喔，因為我的腰部已經開始緊繃了。然後，再過三小時，臺北市將會有一場大雷雨，請您不要懷疑，因為我的膝蓋已經開始出現痠痛現象。』」

方翠萍笑到岔氣，她知道我愛開玩笑。

「教官，你有被欺負過嗎？」

「欺負？」我有聽沒有懂。

「就是被人欺負啊！」

「廢話，當然是被人欺負，要不然被高麗菜欺負喔？」我說。

「教官，你有被學姊欺負過嗎？」

「我是很想被學姊欺負一下啦，」我露出遺憾的表情，「看看學姊生氣、手叉腰、嘟嘴的模樣，最好再罰我做伏地挺身。但是不可能，因為我讀軍校的時候沒有女生，我都是被學長欺負。」

「喔，他們很凶嗎？」

「非—常—凶！」我說，「從早上起床開始，集合速度太慢、吃飯的時候偷講話、上課打瞌睡、看到學長沒敬禮、寢室垃圾沒倒乾淨，都在學長的嚴密監控下，只要犯錯就會被學長罰站或是罰掃廁所，做伏地挺身或半蹲也是家常便飯。我們可是每天都活在恐懼之中啊！」

「真的嗎？」她點點頭，彷彿明白了一些道理，「那就好。」

「什麼叫『那就好』？妳有沒有同情心啊？」

方翠萍還是沒什麼表情，「我以為只有我被學姊欺負。」

「蛤？」我吃了一驚，想了解細節，「學姊欺負妳？」

「嗯。」她低下頭。

「怎麼欺負妳？」我問。

「我有一次腰痛，想請學姊幫我拿書包到晚自習教室，但是她說我在裝病，不理我。」

「然後呢？」

「就這樣啊！」

「就這樣？」我真想告訴她這算哪門子欺負，跟我讀軍校的慘絕人寰比起來，這根本就是小兒科。但我不能這麼說，只能安慰她：「妳下次不舒服早點告訴我，我請男生幫妳揹書包。」

「真的嗎？」

「當然是真的。」我保證。

「嗯。」

「還有什麼事嗎？」我希望她快點去晚自習。

「馬上要升三年級了，數學考這麼爛。」她的眉毛擠成八字形。

「數學考不好有什麼關係？」我兩手一攤，「妳總有其他厲害的科目啊！這就好比妳參加奧運，明明是跳高選手卻逼妳去游泳，當然比不上那些游泳選手，但這並不表示妳的體育比別人差嘛，只要回到跳高場地，說不定就會拿金牌了。」

方翠萍稍微露出安慰的表情。

「當年我在海軍官校，學的幾乎都是理工科目，什麼工程數學、微積分、內燃機、流體力學……我根本就搞不懂，尤其是工程數學，還補考咧！」

「教官也補考過？」

「當然啊！」我挺起胸膛說得理直氣壯，「我就對數學沒輒嘛，再努力也只有及格邊緣，像作家三毛，她數學也不好，但是文章寫得一級棒，照樣能出人頭地。妳別擔心啦，找到自己的專長就好了。」

「我沒有專長，」她依舊愁雲慘霧的，「我不敢回家，媽媽一定會罵死我。」

「厚，沒關係啦！妳就告訴妳媽媽，教官以前的數學也不好，長得又醜、又矮，現在還不是過得好好的。」

「也對耶。」方翠萍露出恍然大悟的表情。

「什麼也對啊！」我笑出來。（內心OS：妳同意個鬼啊！）

她的眼神燃燒起希望。

「妳快去晚自習吧！」

「嗯，謝謝教官。」她終於露出笑靨，緩步走進教室。

方翠萍個性比較抑鬱，從她住宿時的種種表現我就看得出來，所以在輔導她的時候，我盡量說些笑話讓她放輕鬆，藉此拉近彼此距離。之後，我與方生同寢室的學姊懇談，說明她身體的病痛與學業困擾，希望她們能體諒並從旁協助，也請她們幫我多留意她的言行舉止，若遇到問題立即向我報告。另外，我也麻煩宿舍學習幹部點名時務必確實清楚她的動向。

溪湖高中有個熱血的志願團體：小太陽服務隊 註1 ，當年住校的畢業學長姊會返校給學弟妹們建議，提醒他們如何準備學測，並分享大學的生活點滴。一年多之後的某天晚自習，這些小太陽們回來了，我很驚訝的發現方翠萍身在其中。她向我表示，她目前在臺中某大學念物理治療系，剛好也學學怎麼幫自己做復健，她還說，至今都還記得我當初建議她去氣象局工作的冷笑話。

我大力的誇獎她，也感謝她願意回母校貢獻愛心，看著她在晚自習講臺上侃侃而談的分享著該如何準備學測，真讓我有點時空錯亂的感覺，當年那個鬱鬱寡歡的小女孩早已蛻變，如今已走出憂鬱，懂得利他付出。

在說到數學這一科的跌跌撞撞時，她哽咽地吐吐舌、深呼吸。須臾的歇停後，她望了我一眼，揚起嘴角，雙目交接下，彼此早已心有靈犀、不必多言，我的眼角也霎時濕潤。這是金錢換不到的回眸，我慶幸她的青春記憶裡有我的立錐之地。

親師充電站

家長要求孩子的學業成績沒有錯，但並非每個孩子都會讀書。看著她的背影充滿沉重的壓力，毫無豆蔻年華該有的活潑朝氣，課業的挫敗甚至讓她不敢回家……實在令人感慨。

您或許應該多和孩子聊聊在校的學習、交友狀況，用心發掘他們真正擅長的領域，進而引導孩子發揮創意、燃燒熱情，追尋屬於自己的奮鬥目標。千萬別因為成績這個死穴，堵住孩子的活路，唯有良好的親子互動，孩子才能健康、無畏、自信地面對未來，接受人生的挑戰。職場上需要的是具溝通能力、能團隊合作、堅忍有耐心、願意學習成長的人，而這些特質根本無法從學業成績評量出來。

最後，應該讓孩子知道，您愛的是他們，而不是他們的成績。

註1 該團隊成立的宗旨為服務在校住校生，由第一屆畢業生游明亮擔任總召，約定每年的耶誕節回溪高宿舍舉辦耶誕晚會，此外，在寒暑假期間，也常帶著宿舍的學弟妹舉辦夏令營、隊遊、升學講座及各項聯誼活動。

峰迴路轉的過肩摔

學生鬥毆，全校的教職員工都知道要交給教官處理。這一次的情況獨特，打人的與被打的都有可議之處，是我處理過最峰迴路轉、匪夷所思的打架事件。整件事情的發展，證明我對家長突如其來的行動與自己的應變能力，都太過樂觀而天真。

中正高工普通科（體育班）包含柔道、足球、壘球、田徑與健力等五科，有些學生因為練習需要或來自外縣市，選擇住在學校安排的宿舍。某天下午，體育組林老師一走進教官室就大聲咆哮：「教官，這個學弟打學長。」

林老師旁邊跟著兩位男同學，他強調學長才剛穿好柔道服尚未熱身，就被學弟過肩摔好幾次，最後還用三角固定壓制。我聽不懂是什麼壓制，只覺得這個學弟是個狠角色。

「這個一年級的太誇張，我先去辦公室處理事情，等一下我再過來帶學長去醫院。」老師說得痛心疾首。

「好，林老師，這件事交給我。」我點點頭，然後瞄著眼前的兩個大男生，學弟叫宋明達，至少一百八十公分，學長李建霖比他矮一顆頭，正痛苦的護著肩膀站在一旁。

我引導兩人到辦公室坐下，先問學弟說：「你為什麼要摔學長？」

學弟低著頭不說話，看得出來餘怒未消，但臉上有一絲恐懼神情。

我看看學長，「學弟為什麼要摔你？」

「我怎麼知道？」學長忿忿不平的說，「他就給我過來亂摔啊！摔過來，摔過去，幹。」

「喂，你不要罵髒話啊！」我糾正學長。

「他媽的，你就不要給我出現在道場。」學長還在狠狠的瞪學弟。

「這也算髒話，」我再次提醒，然後望著宋明達，「你怎麼可以趁學長還沒暖身就給他摔來摔去，這樣很沒有運動家精神。」

他此時露出弔詭的表情，若是沒仔細留意，可能會以為他只是在傻笑，但根據我多年「辦案」經驗，這是得逞的笑。當下我沒有拆穿，以免學長更火。

「你才一年級，」學長補了一句，「你完蛋了。」

「喂，你不要恐嚇學弟。」我說。

「我哪有？」學長叫屈，「拜託好不好，教官，是他摔我耶！」

我看學弟低著頭不說話，便拿了兩張「事實經過報告表」給他，「我問什麼你都不說，那用寫的總可以吧！」

沒想到學弟寫著寫著就哭了，這種身材魁梧的壯漢與眼淚真是不搭調，我遞上紙巾讓他擤鼻涕。看他腹部不協調的抖動以及欲言又止的哭泣、結巴，我直覺其中必有隱情。

「哭什麼？又沒人欺負你。」

沒想到我話才說完，他便開始嚎啕大哭，只差沒在地上翻滾，更加證明了我的假設是正確的——他一定有不為人知的辛酸！

「別怕，教官給你靠，到底怎麼了？」

學弟輕聲的說：「學長拿掃把打我！」

「拿掃把打你，」我傻了，瞪著學長，「你拿掃把打他？」

學長沒有說話，那就等於默認。於是，我將學弟帶到會談室，讓他可以毫無忌憚的暢所欲言，學長則留在原地。

「他為什麼拿掃把打你？」我問。

「因為他欠我錢。」學弟說。

「欠你錢？」我怎麼有聽沒有懂，「學長欠你錢應該是你拿掃把打他，怎麼會是他打你？」

「掃把有兩支。」

「有兩支，」我試著理出頭緒，「喔，你說學長拿掃把打你打斷了兩支？」

「沒有，」學弟搖搖頭，「打斷一支。」

「那你說兩支是怎樣？」我急了，「這跟今天的事情有什麼關係？被打斷一支，那另外一支呢？」

「另外一支我藏起來。」

「藏起來……」我似乎有點明白了，「喔？你把它藏起來讓學長不能打你。」

「對。」

終於猜對了，真有成就感！

「後來學校又買了兩支掃把。」學弟補充。

「嗯嗯。」我點點頭。

學弟是省話一哥兼天馬行空，沒有慧根實在難以參透其語言模式。我深怕一直在掃把這件事情上打轉，乾脆自己來拼湊當時的狀況。

「學長欠你錢，想要殺你滅口，所以拿掃把打你，沒想到你的骨頭比掃把硬，掃把斷掉後，你才跑過去給學長摔角。」我逗他。

「掃把沒有斷，而且我是柔道不是摔角。」學弟糾正我，真是很「古意」。

「學長為什麼欠你錢？你跟他收保護費嗎？」我問。

「沒有。」學弟認真了，猛搖頭。

我拍拍他的肩，「你別這麼嚴肅好不好，你把詳細經過說清楚。」

學弟的語言表達實在異於常人，為免大家精神錯亂，我整理如下：學弟家住高雄市燕巢區，為便於柔道隊練習，選擇住在學校宿舍。他剛進校就被這位學長鎖定，經常向他一百、兩百的借款，他不敢違抗，默默交出家長給的零用錢。倘若不從，學長就會假藉柔道練習的名義操練他，甚至惱羞成怒拿掃把、道帶打他。

昨天，學弟提出還款要求，沒想到學長又使出無賴本色，冷嘲熱諷的說，等到可以摔贏他就還錢，學弟才會失控對學長狂摔。學弟一邊啜泣一邊敘述他的血淚史，並表明他有人證，一年級的同學都知道，其中許多人也被學長要過錢。

「好，」現在換我氣到想把學長抓過來摔兩下，但我恐怕不是他的對手——好在學弟幫我伸張了一次正義，「教官來處理。」

「不要……不要告訴我爸爸。」學弟吞吞吐吐。

「不行，我沒辦法答應你，這件事情一定要通知家長，不要怕，這不是你的錯。」我明白他的擔心。

我回到辦公室，發現學長已經不見蹤影，可能是心虛吧！體育組林老師來教官室時，我將事實經過和盤托出，還特別強調請他現在先不要處罰學長，以免事情愈弄愈複雜，順便請老師幫忙問問還有誰是受害者。

隔天下午，宋明達的父親在導師的陪同下，來教官室了解事情經過。宋父表示兒子從小就比較內向，在國小、國中常被人家欺負，屬於打不還手、罵不還口的類型，和他完全不像。所以宋父要他學柔道，將來才能以暴制暴，說著說著就拿起電話打給朋友，說要找人教訓霸凌他兒子的學長。我嚇一大跳，馬上制止宋父，想必導師也是因為攔不住家長的衝動才把他帶來教官室。

「幹，難道要我孩子白白給人糟蹋喔？」宋父漲紅著臉。

「這樣不能解決問題。」我說。

宋父絲毫不理會我，又撥出第二通電話「摺人」來助陣。顯然他刻意忽略自己兒子也用過肩摔回敬學長的事實，但我不想多費唇舌，而是偷偷告訴導師，請他馬上去教室把學長帶到圖書館躲起來，我認為那裡是最安全、也最讓人想不到的地方，導師於是藉故上廁所先行離開。

「宋先生，你如果找外面的人進來學校打人，我沒有辦法和你談，只能報警，而且如果那個學長因此受傷，你兒子恐怕也會被輔導轉學。」

「轉學就轉學，這口氣不能不出，」宋父堅持己見，然後露出欣慰的表情，「還好阿達先給他摔個半死，（我）沒有白教。」

勸解宋父無效，我開始講別的事情企圖分散他注意力，因為發現他名片上的頭銜是某某營造的「工地主任」，就和他聊起目前在何處監造、平時工作的趣聞、生活瑣事……言談間竟然發現我們有共同的朋友，是我的一位國中同學——陳榮陞，他是某營造商副總。一談到我同學，宋父眼睛就亮了起來，和之前的態度判若兩人。導師回來後，偷偷向我比了一個OK的手勢，我點頭表達明白，於是便假裝手機有來電跑去走廊接電話，其實是要趁機偷偷打電話。二十多分鐘後，宋父的兩位朋友到了教官室，開始飆罵三字經，問欺負宋明達的學長在哪裡。

導師謊稱李建霖今天沒來學校，宋父一行人不相信，要去教室逮人，我說要打電話報警也攔不住他們，正在劍拔弩張之際，宋父的手機響起，他在電話裡「嗯」了很久，大多只有聽對方說話的份，最後他說了一句：「好啦好啦，給你面子。」才掛上電話。隨後，他跟兩位同行友人竊竊私語，又罵了幾句髒話，便表示有事要先離開，接下來交給我處理。

「沒問題。」我說。

三位凶神惡煞離開後，我和導師討論後續事宜，詢問李建霖的家庭狀況，導師說他家住六龜，家長表示沒空過來處理，口氣也很冷淡，僅表明學校要怎麼處罰都沒關係，反正已經放棄他了。我搖搖頭沒說什麼，這也許就是李建霖行為乖張的原因：家長把管教責任全推給學校。

在暢銷小說《事發的十九分鐘》中，長期在校飽受欺凌的高中生彼得，選擇在二〇〇七年三月六日這一天拿著槍枝進入校園，用十九分鐘的時間射殺了他眼睛所見的每一個老師跟同學，造成十死十九傷的慘劇。彼得上托兒所的第一天就被人欺負，便當盒被丟至校車窗外、人被塞進置物箱、被抓起以頭撞牆，就連他的親哥哥都會帶頭欺負、嘲笑他……彼得的母親尋求老師意見，老師卻覺得校方的介入只會造成反效果，彼得如果想要結束這一切，就得「自行解決」。於是，他以這樣毀滅性的方式來做出回應。

若是家長能積極帶著彼得去諮詢輔導，而不是以為隨著年齡增長，霸凌問題就會迎刃而解，也許就不會讓這起悲劇發生。

我當然不同意讓外人到教室打同學，不過，報警處理只會讓狀況更棘手，若因此引來媒體關注，只會讓校方更為難。宋明達父親接到的那通電話其實是我暗中請託國中同學打過來的，我希望他能幫忙勸這位激動的父親離開學校，沒想到效果這麼好，我不知道這位副總究竟跟宋父說了什麼，但我知道「一物降一物」的道理，既然宋父不甩校規、不懼警察，總會有他顧忌的東西。

親師充電站

學生在校園被欺負或霸凌時有所聞，通常家長也都是最後才知道，往往要到造成身體傷害了，才驚覺事情的嚴重性；在此案例中，若不是學弟忍無可忍而出手揍學長，這件事也不會曝光。其實，學生在校被霸凌，不是要嚴重的肢體衝突才算數，師長、教官若能提早覺察並介入處理，或可避免衝突擴大。

張瀞文小姐在《親子天下》雜誌第十期的文章中寫得真好：「大人要常常提醒自己，當孩子最不可愛的時候，往往是他們最需要愛的時候，霸凌的發生只是求助的一種方式。如果我們習慣在事發後揪出罪魁禍首處罰，以為這就是處理，其實反而加劇了校園中的不平等，孩子學會的不是尊重，而是以暴制暴。」

家長遇到類似情形時，該如何拿捏分寸？本案例的兩位父親都做了錯誤示範，一個是激動得要討回公道，另一個是冷淡得令人心寒。這也提醒我要多了解家中子女的用錢方式，並留意孩子與其他同學在校的互動，既要避免成為被霸凌者，更不能成為施暴者。

意義深遠的畫框

凡事若能用公允的態度來對事、對人，為別人留後路，其實也是為自己留後路。有時，不經意撒下的種子，若能被照耀、灌溉、激發，多年後也許會以令人驚艷的果實來回饋。隨口一段話，就足以讓一個人扭轉未來，成為璀璨巨星。

某天午餐時間，陳主任教官告訴我二年七班有一位女同學的錢包掉了，要我幫忙處理。我向女同學詢問了相關細節後，便請她先回教室，並允諾會想辦法幫她把錢包找回來。

我尋遍了學校的每一間男生廁所，最後在教官室隔壁的男廁找到一個錢包。拿給女同學確認後，確定那就是她遺失的錢包，然而，裡面的一千多元早已不見蹤影，女同學難過得啜泣起來，我一邊安慰她，一邊想著該如何著手查案。

午休時，我拿著一大疊用Ａ４紙裁切而成的小張便條紙來到該班。

「同學，不好意思，耽誤各位的午休時間，」我做了一個簡單的開場白，「很遺憾，你們班有同學錢包失竊，教官有義務要查清楚，不能讓小偷逍遙法外，否則下一次可能就是你們被偷了。班長，全班都到齊了嗎？」

「除了莊其茗去輔導室，其餘到齊。」班長回話。

「他回教室之後，叫他到教官室找我。」

我將便條紙一一發給同學，「你們把可疑的同學名字寫在紙上，也許是你看某人今天鬼鬼祟祟、或是誰和遺竊的同學有過節、要不然就是你聽說過誰的手腳不乾淨、甚至別班的同學都可以寫，不可以開玩笑。採不記名方式，寫完後不要透露寫的內容給其他同學知道。自己寫自己的，不要交談。」

三分鐘後，同學們繳回便條紙。

「雖然丟掉錢包的人沒保管好錢財自己也有責任，但希望同學不要去責怪她，更不可以排擠她，而是要關心她，我不要聽到有人說風涼話，或是中傷其他同學。各位安靜午休、不要喧譁，有任何線索都歡迎來教官室找我。」

回到辦公室，我彙整了學生的便條紙，班上有十幾個人都寫到莊其茗的名字。我到總務處查看走廊上的監視器，上午的四節下課沒有別班同學進出二年七班，只有莊生來來回回了好幾次，教官室外面的監視器也錄到他在廁所前徘徊、左顧右盼的畫面，唯獨教室內沒有監視器，無法舉證。因此，還沒等到他來找我，我便先去找輔導老師，得知他在國中就有偷竊的紀錄，是學習障礙生，在班上人緣也不佳。

我把他帶到學務處的會談室晤談。

「其茗，午休去輔導室幹嘛？」我倒了一杯水放在桌上。

「嗯……陳老師要我整理資料。」

「每天都要去嗎？」

「不一定，教官，怎麼了嗎？」

「喔，沒事，」我拿一張空白便條紙給他，「你知道金茹娟的錢包掉了嗎？」

「知道。」

「你知不知道誰偷的？」

「我怎麼知道？」他說。

「沒關係，你把可能偷她錢包的人名寫上去，交給我。」

「喔。」莊其茗拿起筆磨蹭了半天，寫不出一個字。

「寫不出來就寫我吧！」我建議。

他瞄向我的名牌，彷彿真的要將我的名字寫下來，卻又下不了筆。

「你好像有點緊張，喝口水。」我將水遞給他。

「謝謝教官。」莊其茗喝了一小口。

我詢問他每節下課的行蹤，他神情自若的態度反而讓我起了疑心，他不笑還好，一笑就讓我發覺他的輕鬆表情是裝出來的，演技真差！他說早上除了上了一次廁所，每節下課都留在教室。

「我現在給你機會，有沒有什麼事要告訴我？」我睜大眼睛注視他。

「什麼事？」莊其茗強做鎮定，「沒有啊！」

「趕快，我時間很寶貴，你真的沒有事要告訴我？」我嘆了一口氣，「唉，今天如果我要害你，直接通知警察來就好了，不必跟你講這麼多……」

「教官，我沒有拿。」

「我又沒說是你拿的，」我靠近他，「但是我不懂你為什麼要說謊？監視器照到你進出教室好幾次，你卻說只出去上了一次廁所。錢包已經找到，上面有指紋。趕快，現在我還可以救你。等到警車過來，一切都來不及了，你可能會被退學，在同學面前抬不起頭。還是你要到警衛室看監視器的畫面？」

我刻意將聲音放大，用力拍了一下桌子。沒多久，我聽到敲門聲。

「黃教官，溪湖派出所的鄭警員說準備要來學校了，要我們將同學先帶到校門口。」王教官說。

「好，謝謝。」我示意莊生起來，「走吧，去派出所再說，你不讓我幫你。」

「教官。」他慌張的拉著我的制服。

「怎樣？」我揮開他的手。

「教官，我……我有拿。」

「所以，你承認錢是你拿的。」

「嗯。」

「怎麼不早說？」我吼他，「你等一下，我打電話叫警察先不要過來。」

「謝謝教官。」

接著，我到教官室拿了自述表註1回到會談室。

「還好你承認了，把你送去派出所你就完蛋了。」我說。

「對不起！」莊生低下頭。

「你沒有對不起我，你對不起你辛苦工作的爸媽、對不起輔導室的陳老師、對不起你的導師、對不起你的同學。」他眼眶紅了起來，我將自述表遞給他。

莊其茗邊寫邊問我一些不會寫的字，要我寫一遍讓他抄在自述表，我用一問一答的方式幫他回憶當時的狀況，順便幫他重整句子的先後次序，費了九牛二虎之力，他才用歪七扭八的字寫完自述表。原來他在第一節下課時，趁著金茹娟上洗手間的空檔將她的錢包拿走，然後把它丟在教官室隔壁的廁所，錢藏在輔導室。他告訴我，偷來的錢準備今天放學時拿去買漫畫，而且已經有一部分花掉了。

「班上同學會知道嗎？」他問。

「我不會告訴他們是你偷的。」

「謝謝教官。」

「不過這件事情我要通知家長。」

「教官，」莊其茗眼睛像冒出火似的，「不要告訴我媽。」

「怎麼可能？」我搖頭，「家長一定要通知，這麼大的事情。」

「拜託！她一定會打我，而且……而且……」

「其茗，」我要他鎮定，「事情已經這樣，你要勇敢面對，我會說你是自首的，不是被查出來的。」

「不要通知我媽。」他哭了出來。

我抿嘴搖頭，接著打電話通知導師，並向彭生輔組長、陳主教回報進度。之後，莊其茗的母親由導師陪同來到教官室，她一看到兒子便跑過來打他的頭、搧他耳光，我跟導師急忙阻止、拉開彼此，莊母馬上說要辦退學，讓他回家做工。我和導師在一旁幫忙緩頰，總算控制了場面。

莊母表示，兒子從小就有偷竊習慣，讀高中前便警告過他，再偷東西就回家做工，說著說著，她傷心的流下眼淚，莊生也跟著抽泣。我說明學校可能會有的處分狀況後，莊母擔心會留下記錄，導師說只要他願意改過而且表現良好，便會有銷過的機會，我則請莊母將失竊的金額補齊，由導師歸還本人。

一個月後，某次上完軍訓課，莊其茗在走廊把我叫住，給我看他的食譜筆記，裡面密密麻麻記了許多食材配方、烹飪步驟、麵粉過篩……字寫得歪七扭八，圖畫得二二六六，但我想這已是他所能做的最大極限了。

「不管以後你做什麼，我希望你就算是賣陽春麵，也要做到彰化第一，不要讓別人看不起，你可以的。」我注視著他，拍拍他的肩膀。

莊其茗眼淚撲簌而下：「從來沒有人鼓勵過我。」他細數從小就被媽媽奚落，拿他與鄰居比較，說他的成績差、長得矮、滿臉青春痘，常被罵沒出息……

我覺得也許正因為如此，他才會以偷竊來宣洩壓力或降低焦慮。

「教官，你剛剛說的話可不可以寫下來，我怕記不住，就是什麼陽春麵那個，還要簽名喔，要不然我會忘記是誰寫的。」

於是，我在他筆記的空白處寫下了剛剛那段話，然後簽名。

＼＼＼＼＼＼＼

時光匆匆，十多年後，我帶著內人前往臺中參加溪湖高中學生的婚禮，席間談到莊其茗，有人說他以前就在這家餐廳當廚師，也有人說不是廚師，是櫃臺主任。我不敢置信：「哪有這麼巧？」

一位學生不服氣，立馬撥Line的免費通話聯絡到他，說我來臺中吃喜酒，之後便把手機轉給我；餐廳裡人聲鼎沸，我特意走到餐廳外面講電話。他說他在彰化開了一家麵包店，要我喜宴結束後過去「吃到飽」。可惜的是，由於家中還有小孩需要我回去照料晚餐，所以無法前去。當他得知喜宴會場是以前服務過的餐廳後，便說要來找我，我一再勸他別衝動，但他仍堅持要過來一趟。

果然，他在一個多小時後拎著兩大袋的麵包來到會場。拜喜宴延遲開席之賜，他到的時候還沒有上甜點。

「你自己做的？不可能吧！」我說。

「厚，教官，你給我漏氣捏。」莊其茗將麵包塞給我，要我馬上吃。我說已經吃很飽，還是帶回家好了。

隨後，他又從後背包裡拿出一個小小的畫框，神祕兮兮的遞給我，框裡裱著一張被撕下來、早已泛黃的紙，我定睛一看，發現那是我當初寫在他食譜筆記上的留言：「不管以後你做什麼，我希望你就算是賣陽春麵，也要做到彰化第一，不要讓別人看不起，你可以的。」看到我曾經寫過的字，一陣感動湧上心頭，一抬起頭見他兩眼通紅，害我也跟著鼻酸——明明是人家的喜宴，卻把氣氛搞得這麼感傷。同桌的學生好奇地傳閱起畫框，交頭接耳討論了起來。

「教官，我開了麵包店之後，就把你寫給我的話框起來掛在店裡的牆壁上，每次做到很累就看一下，真的很有效，很提神喔！」

「我應該寫麵包，而不是寫陽春麵的。」當時我以為他專攻中餐。

「沒關係，反正有麵這個字，沒差。」他搔搔頭。

「你有做到嗎？」

「做到什麼？」他問。

「做到彰化第一。」

「我不知道，但是生意很好喔！」他露出微笑。

「教官，他的店生意真的很好，麵包超好吃。」同桌好幾個學生異口同聲。

莊其茗把畫框搶回來，說筆記本有次碰到水，我的簽名有些糊掉了，於是他指著框的右下角要我再簽一次，並請我寫上喜宴當天的日期。

「你有帶筆嗎？還是說……」我假裝要咬破手指，以血代筆，他笑到鼻涕流出來，一溜煙的跑去餐廳櫃臺借筆，沒多久，他滿頭大汗跑回來，遞上簽字筆。我從來不知道自己的簽名還會有人要，他說，當初畢業前我已經遷調離開溪湖高中，沒機會讓我簽畢業紀念冊，今天事出突然，他一時之間又找不到畢業紀念冊，所以沒能帶來請我補簽。

「他們都說我沒辦法畢業。」說著說著莊其茗又泛起淚光。

「你當然可以。有時間來高雄找我，把畢業紀念冊帶來。」我吸吸鼻水，以他的成就為榮。

在他看來，或許覺得自己從我這裡學到了很多，其實，我倒認為自己從他的不忘初衷而獲益匪淺。只要願意，哪有做不到的事？

親師充電站

我承認自己用了一些手段來「辦案」，若是我的判斷錯誤，很可能傷了莊其茗的心，還好他的表情洩了底，而且之前調閱的監視器畫面也能證明他說謊，再加上輔導老師的資料顯示他有偷竊前科，讓我有信心按照自己的佈局來處理。事後我特別提醒導師，不能讓班上同學知道錢包是誰拿的，否則他以後在班上將無法立足。

董氏基金會二〇一五年三月發表「語氣表達與情緒相關性」調查結果，受訪者被問到「誰的語氣表達令你不舒服／不開心」時，父母親便佔了約兩成的比例。

有意思的是，不論受訪者是成年人，或是十八歲以下的兒少，母親說話讓人覺得不舒服的比例，都比父親來得高。我個人認為，這是因為許多家庭中，父親的角色常是隱形的，主要的教養、管教責任還是由母親來承擔，自然也較多機會和孩子產生衝突。

我曾在網路上看過李幸蓉醫師談到家長如何處理孩子偷竊的問題，她建議以勞務來換取已花掉的偷竊金額，自行體會並思考偷竊後要付出的代價，並讓孩子學習延宕滿足及需求排序，主動學會存錢購買想要的東西，光用責罵或恐嚇恐怕效果不佳。

至於溪湖派出所警員來學校帶人之事，則是我事先和王教官串通好的，只要聽到我拍桌子，他就會來敲門、配合演出。為了讓事情水落石出，偶而還是需要一些演技的；不過，我在莊其茗的食譜筆記寫下的字句，絕對發自真心。

註1 學生犯錯時，教官為了解事實經過，會由學生自行填寫事情的來龍去脈、檢討改進方式的表，做為獎懲單的參考資料，各校名稱或有不同（中正高工稱為「事實經過報告表」）。

快打旋風

我國二時，某天放學後約了一個心儀的女同學去打籃球。我們和另外一群男生分成好幾隊三對三鬥牛，其中有贏有輸，正當我與女同學要離開球場時，兩個球友說找我有事，半拉半推的把我帶到一個偏僻的角落。

我看到一個學長坐在石頭上翹著二郎腿，學長一看到我來了，便將手中抽到一半的菸往空中彈。

「是怎樣？打球幹拐子，很凶喔！」學長用手拍打我的臉。

「沒有。」我向後退了一步，不小心撞到帶我過來的人。

「你很屌喔，帶馬子來打球。」學長露出惡狠狠的表情，拿籃球砸我，「不要讓我再看到你來球場，滾！」

我從頭到尾都沒有還手，只是狼狽的轉頭離開，此時發現女同學驚惶的蜷縮在籃球架下，想必全程目睹了方才的事，我既羞且忿，腦中一片空白，就連之後跟女同學去剉冰店點八寶冰，都吃得沒滋沒味。當時的我總算見識到自己的懦弱，一直不知道該不該找機會「討」回來……

午餐時間，林道淳一臉惶恐與怨憤的跑到教官室找我，說剛才第四節音樂課下課後，有人將音樂教室（位於地下室）的電燈關掉，同學們一陣驚慌亂竄，林生覺得有人蓄意衝撞他，甚至動手打他、用腳踢他。這個班我剛接不久，所以對同學的狀況還不是很熟悉。

我趕緊站起身看看他，發現沒有外傷，但是白色制服上留下了清楚的鞋印。

「誰打你？」我問。

「我不知道，太黑了，看不清楚。」

「那你有沒有得罪過誰，他說要揍你的？」我再問。

「嗯……」他想了半晌，「應該沒有。」

「那你知不知道誰把電燈關起來？」

「好像是黃◯◯。」

「你確定嗎？」

「應該是他。」林生頗為肯定。

我到教室將正在午休的黃◯◯帶到走廊，詢問事發當時的狀況，他表示的確有人關燈，但不是他關的，並強調林生在班上的人緣很差，至少有超過一半的同學都與他有過糾紛，但也不至於會因此動手打他。待我一一詢問同學後，才知曉林生在班上的處境，而且果然不出所料，沒人承認對他動手動腳。於是，我回到教官室，要他先回去上課，我會通知導師及家長，並處理後續。

放學時，林父跟著兒子來到教官室，了解事情的始末。

「教官，這個事情我兒子也不對啦！他平常個性就比較孤僻，從小時候就這樣，所以和同學處不好，這次應該是意外。小孩子打打鬧鬧很正常，不要把事情弄大，以後他在班上更難生存啦！」林父說。

「我聽說他喜歡畫畫？」我對林父說。

林父點點頭，「他從小跟阿嬤住，沒辦法，我和他媽媽都要上班。我就只生他一個，而且因為他沒有玩伴，可能比較無聊啦，所以就喜歡畫畫，等他升上國中時我才把他接回來住，感情比較沒這麼深，平常在家都是玩線上遊戲、畫畫，要不然就是看布袋戲，我也沒辦法管啦！」

「畫畫不是壞事，但他還是應該和同學多相處，不要孤立了自己，這樣對他不好。」我說。

「我在別班有朋友。」林生說。

「自己班上也要多交朋友啦！」林父慈祥地摸摸兒子的頭。

「林先生，我想您也很忙，謝謝您抽空過來。這件事情我會再查下去，到時會跟您報告處理的狀況。」

「不用再查啦，教官。」林父說。

「我知道分寸，您放心。」我先請林父離開，然後才告訴林生說：「我聽同學說，你上課的時候也會畫畫喔！剛才你爸爸在這裡，我沒有給你難看，以後不可以在上課時畫畫，明白嗎？」

「嗯。」他搔搔頭。

「我還聽說，你每次輪到值日生、抬餐桶、打掃、分組報告的時候都不願意配合，對不對？」

他默認，眼神遊移著。

「其實，我在讀高中的時候也是喜歡畫畫。」

「是喔！你都畫什麼？」林道淳的眼睛突然綻放出光芒。

「什麼都畫啊！」我回答，「所以導師都會要我負責班上的公佈欄、海報，就連班上籃球比賽的加油板都是我和同學設計的，所以在班上我有好多朋友。」

「哇，這麼厲害。」

「還好啦！」我笑著摸摸頭，「所以，你要改變你的態度。」

「我的態度？」

「對啊！你要主動的參與班上的事務，增加與同學的互動，要不然你只是一個孤獨的人，沒朋友是很可憐的。」我隨即在書架上拿了一本《卡內基溝通與人際關係》給他。

「這本書你拿去看，然後交一篇一千字的心得給我，算軍訓平時成績，如果你抄網路的心得被我抓到，你就倒楣了。」

「一千字……這麼多，」林生皺眉頭，「我可不可以用畫的？」

「可以啊！但要畫成漫畫的形式才可以喔！要有對白、有內容，而且不能在上課的時候畫。」

「好啊！好啊！明天我把之前畫過的布袋戲人物本拿來給教官看，有很多已經有上顏色，教官你喜歡哪一個？我最喜歡『暴風殘道』，還有那個『憑風一刀』，超酷的……」他口沫橫飛的拚命說。

「OK，」我趕緊導回正題，「還有，我會請導師多安排一些畫畫的工作給你，然後要你負責教室公佈欄的美工部分，做得好給你記嘉獎。我會去問同學，如果你還是不合群，我就會約談你，然後要你寫一萬字讀書心得喔！」

「好啦！」

他讓我想起自己國二在籃球場上被欺負的過往，當時，因為考量到說出來不甚光彩，我沒叫眷村的大哥哥去幫我出氣，而是選擇自己消化，也警惕自己以後打球時要更加小心謹慎，就當做是社會教育。雖然林道淳的情況與我不同，但這種痛我懂。任誰都沒有權力動手打人！

隔天早上，導師來教官室找我，說有同學向他密報音樂教室的電燈是曾渙發關的。經過導師的約談後，曾生承認是自己伸手關掉教室裡的燈，但他說自己絕對沒有出手打林道淳，他只是覺得好玩才把燈關掉，沒想到會讓大家相互推擠，甚至讓林生覺得自己被揍，班上同學也在互相指責，要出手的人去找教官自首，真的沒有人看到誰出手打了林生。

導師很生氣，準備讓全班同學中午到一樓玄關罰站，站到有人承認為止。我認為這樣會分化班上的團結，林生在班上就會更孤立了，於是建議導師趁這個機會與班上同學約法三章，順便機會教育，導師也同意了我的處理方式。

午休時，我來到該班，先藉故將林道淳支開，告訴他們這次的事件林生家長不予追究，不過，當同學還在音樂教室時絕對不可以擅自關燈，以免造成推擠與混亂，若有再犯，全班都要被罰站。我最後將霸凌的種類一一向同學解釋，並請學藝股長在教學日誌記載宣佈事項。

曾經有一位曾姓家長委員，他的兒子在學校打籃球時沒人願意跟他同隊，做化學實驗分組時被邊緣化，也沒有人要和他說話，這樣的情形持續了好一段時間……曾委員認定這是「霸凌」，氣沖沖帶著家長會長、議員來學校找校長，要求約談霸凌他兒子的學生，還威脅校方若沒處理好，就要訴諸媒體。這個年頭聽到媒體二字是會讓學校頭皮發麻的，當然也會模糊了焦點，畢竟是否霸凌不是家長說了算，還要經過專家開會認定；姑且不論曾生是否真的被霸凌，一旦鬧上媒體，肯定會讓他在班上的處境變得更為險峻。

後來，曾委員運用關係將兒子轉到私立學校，轉校之後的情況如何雖然不得而知，但似乎可以想像得到。

某一天我在巡查校園，林道淳突然衝過來和我打招呼，他手上拿著一個布袋戲偶在我面前把玩，我很好奇為何他會帶戲偶來學校。

林生說下午有社團活動，指導老師要社員把家裡的戲偶帶過來練習，我看他手上的戲偶製作精美、造型逼真。

「很貴喔？」我問。

「還好啦，一萬多。」他說。

「這麼貴？」我很驚訝。

他很得意，把戲偶往空中一甩，再用手掌完美的貫穿戲偶，看起來架式十足。我要他好好珍惜保存，也順便提醒他不可以上課拿出來玩。他開心的說在布袋戲社交了好多朋友，下學期他應該會是社長，校慶的時候會擺攤表演，要我去捧場……我問起他與同學相處的狀況，他說在班上有交到幾個好朋友，主要是與他一起畫班級公佈欄的同學，下課會討論畫畫的事，我鼓勵他再多交一些愛運動的朋友，不要老是靜態的畫畫，他對我點頭說好。

附帶一提，其實我根本就不會畫畫，之所以會這麼告訴林道淳，只是為了與他拉近距離，方便溝通。

親師充電站

在學校沒有朋友是很令人氣餒的，許多孩子表面上裝做若無其事，其實內心可是玻璃心碎滿地；舉凡長太矮、極度內向、滿臉青春痘、功課差、口臭、我行我素……都是被孤立的可能因素。

各位家長若發現孩子被其他同學排擠、孤立甚至欺負，您會怎麼做？會像曾委員大張旗鼓的討公道，還是像本篇的林父一昧地檢討自己孩子的偏差行為？家長在分寸的拿捏上務必要很小心，以免弄巧成拙，讓孩子人緣不好的事實更為雪上加霜。所謂冰凍三尺非一日之寒，問題不可能因為教官的輔導就馬上獲得解決，畢竟，解鈴還須繫鈴人，被排擠的同學若不自覺自己需要改變，情況還是會持續，就算轉學，問題依舊會存在。

Part 2

感情學分

據說大學生有三大必修學分：愛情、課業與社團，現在恐怕要將年齡下修到高中生了。我認為三大學分中，「愛情」這個學分最難修，不像課業有教授指導、社團有學長姊帶領，愛情是單打獨鬥、一對一的私密交流，幾乎沒有重修機會，這科當了就面臨被退學（分手）的命運，形勢相當險峻。

我非常贊成李四端先生在《孩子想的跟你不一樣》中提到關於孩子交男女朋友的見解：「坦然把子女生命中的紛擾，看做是他們人生中必然的試煉，關心但不過度操心，支持但絕非代為承擔。如此，父母才能自己活得放心、開心。」

青春期的孩子談戀愛很正常，因為這也是一種學習。如果家長的態度是健康的，孩子也會比較輕鬆，才有可能跟您談心、聊聊他們的交往對象，這樣的互動絕對比孩子藉故不回家而與男女朋友在外過夜要安全得多。

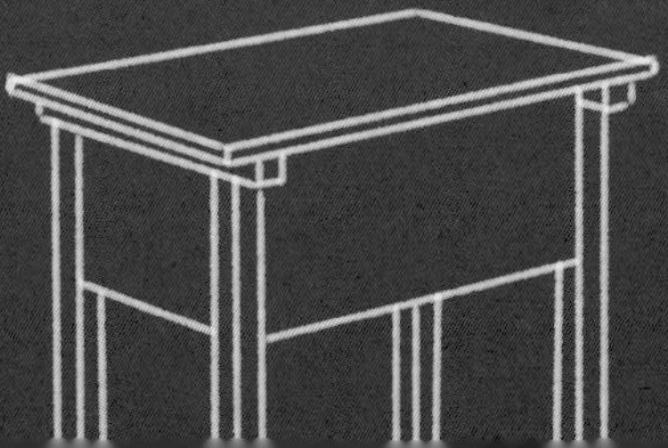

純情蛋糕

身為家中獨子，物質上的供給不虞匱乏，長輩們對他寄予厚望，每隻眼睛都盯著他的在校成績，因為大人們都有一致的心願，期待他能做好傳承、為家族增光——不管他有沒有興趣，都完全沒有商量或選擇餘地。這些加諸在他身上的壓力讓他彷彿置身游泳池的孩子，只能在水道間來回往返，不敢想望海水浴場的波濤汪洋。這是家長幫他決定的征途，他只能全力以赴。

某日早晨我擔任課間巡堂，在側門附近「捕獲」一個把生日蛋糕盒塞到體育夾克內的男同學。

校方規定，學生需經過導師同意才能攜帶蛋糕到校——因為曾有學生在學校辦慶生會時拿蛋糕互丟、在走廊上奔跑胡鬧，造成環境髒亂，不但影響上課秩序，也花了好一番功夫才將教室地板上的奶油清理乾淨。

「你有向導師報告過嗎？」我將他帶到教官室，他的名字叫做陳勳翰。

「沒有。」他略帶惶恐。

「你生日?」我問。

他搖搖頭。

「那你幹嘛買蛋糕?同學生日?」

「嗯。」

「你知道學校規定不能擅自帶蛋糕來學校嗎?」

「知道。」

眼前的陳勳翰,身高大約一百六十公分,頂著標準的短髮,站在我面前顯得手足無措。他功課不錯,常上臺獲頒學業獎狀,像他這般溫良恭儉讓的小男生已屬瀕臨絕種的保育類,實在需要多多呵護。

經逼供得知,他喜歡班上一位叫吳宛琳的女生,身材高挑、美麗,擔任校慶的儀隊,屬於校花級的風雲人物。

「家長知道你有心上人嗎?」

「教官,你不要跟我媽說,她會抓狂。」陳勳翰雙手合十向我拜託。

我笑了出來,「緊張什麼?我沒這麼白目,我像是會害你的人嗎?」

「那就好……」

「你知道吳宛琳有男朋友嗎？」

「知道。」

我故意瞪他，「知道你還……」

陳勳翰沉默了。

吳宛琳的男朋友是學校籃球隊的，身材高大挺拔、帥氣逼人，儀隊女會喜歡運動男其實很正常。看到這個純情男這麼沮喪，我總得做點什麼來給他信心。

「你聽過洪蘭嗎？」

「知道，好像是大學教授吧！」

「嗯，她有一篇文章──『精英的時間』提到，十九世紀的財富在土地，二十世紀的財富在勞力，二十一世紀的財富在腦力……」

看著他疑惑的眼神，我進一步闡釋我的看法：「如果將高中時期比擬成『十九世紀』，那麼高中女生們喜歡陽光型運動健將就不足為奇了，因為這些陽光男孩就好比是『土地』啊！在這個少女情懷總是詩的階段，會打籃球、能跳街舞的男生肯定會受到女同學的青睞。」

「然後呢？」他聽著聽著，似乎聽出了興趣。

有了他眼神的鼓勵，我接著說：「到了大學，凡是社聯會主席、辯論社、吉他社社長，大多會成為女生愛慕的焦點，就如同二十世紀的『勞力』一般，那些有才華的大男孩，只要認真付出，終究會為人所發現、肯定。」

「所以，二十一世紀就是『腦力』的時代囉！」陳生自信的回應，畢竟這是他的強項。

「沒錯！」我表現出激賞的表情，接著說：「這個世紀的確是『腦力』的時代，它可被比喻為大學畢業後的社會表現。這個時候也可以說是將高中的『土地』（強健體魄）與大學的『勞力』（領導能力）做一番巧妙地融合，若能搭配得宜，自然會具有大將風範，想不成功都很難。」

「哈哈哈，真的是這樣嗎？」陳勳翰彷彿瞬間變得精神百倍。

為了怕他太過志得意滿，我還是提醒他：「其實，每個階段都很重要，時間是很殘酷的篩子，當高中時期的運動健將進入大學，若無法在學業或社團的領域持續發光發熱，自然就會光芒漸失；同樣的，大學時期的『風雲人物』進入社會後，若無法保有積極態度與應變能力，終究是抵不過擁有一張專業合格證照的『無名小卒』。這個時候，你仰慕的對象不會再追究你在高中是不是運動健將，或在大學擔任什麼社團的社長。如果你從臺大醫學系畢業，還有人會介意你小時候讀哪一間幼稚園嗎？」

他聽了我的長篇大論，似乎明白了一些道理。我於是乘勝追擊，做了一個小結論：「所以，人要有遠見，即使你在高中不是運動健將，大學不是風雲人物，只要朝著『精英』的方向走，認清目標，假以時日，無論在愛情抑或事業上，你必定會是搶手貨。」

我將蛋糕還給他，要他先向導師報告此事，並告誡他慶生時不得喧譁、更不能破壞環境。他笑彎了眼向我稱謝，快步離開。

沒想到下午第二節下課，陳生的導師來教官室找我。

「教官，完蛋了。陳翰勳的媽媽等一下要過來。」梁姓女導師有些不安。

「過來幹嘛？吃蛋糕喔？」我說。

「教官，他媽媽很恐怖，說兒子三年級了不專心讀書還在交女朋友，要來學校教訓他。」

「妳幹嘛通知他媽媽？」

「剛好她打電話過來詢問陳勳翰的升學問題，我就稱讚蛋糕很好吃。沒想到陳勳翰是騙我的，她根本不知道這件事。」梁老師懊惱不已。

「那妳就不要說是送女生的就好啦！」

「啊……來不及了，怎麼辦？」

「有這麼嚴重嗎？」我覺得老師有點小題大作。

梁老師解釋，陳勳翰的父親、姑姑及祖父都是醫生，整個家族都希望這個兒子以後讀醫科，所以盯得很緊。陳母擔任家長會副會長，經常來學校找老師「溝通」，除了送禮盒外，還常找校長，弄得她不堪其擾，拜託我幫忙處理。我體諒老師懷有身孕不適合遭受過度驚嚇，遂答應她的請求。她還特別向我強調，這個副會長心中只有成績，千萬不要對她說高中生男女交往很正常之類的話，以免火上加油。

我先與梁老師在穿堂恭迎副會長，之後老師便藉故有課務匆忙離去，交由我全權處理。到了教官室，陳母滿臉怒火，見到陳勳翰一個巴掌便揮了過去，讓我當場傻眼。我立刻將兩人隔開，請陳母坐下，陳生低著頭不敢言語。

接下來，我火力全開，教訓陳生不知自愛，都已經三年級了還想交女朋友，辜負家人的期待。我接著問他有沒有與女生愛的抱抱？牽手？約會？陳生全都搖頭否認，表示兩人只是同學，根本沒有交往。我指著他說，欺騙師長買蛋糕已經過媽媽同意，按照校規要記過，說著我便轉身去拿獎懲單。

我一連串的舉動完全出乎陳母意料之外，她衝過來拜託我不要記過以免影響推甄，然後改口說蛋糕的事情有經過她的同意，是一場誤會。於是，我叫陳勳翰先去上課，曠課可是會被扣分的，陳母也催促兒子趕快離開。

「副會長您放心，我會盯住陳勳翰不讓他亂交女朋友，剛剛您也聽到，他和那個女生只是同學，什麼都沒有進展。」

「不要給他記過咧！」陳母說。

「不會。」

「那就好，那就好。」

「也請您答應我不要告訴陳先生，他當醫生很辛苦，不要讓他操心。」

「好，謝謝黃教官。」

送陳母離開教官室時，我提醒她不要再甩陳勳翰耳光，這樣會把兒子打跑的，這個副會長有些難為情，點點頭沒有說話，逕自往校長室的方向前進。

隔了幾天，陳勳翰帶了一盒高檔的手工餅乾來教官室，說是他媽媽要請我吃的。我瞬間感到背脊發涼，看來，我已經被這個副會長給鎖定了，梁老師請產假時，她很可能會常過來教官室「坐坐」……

我問陳生當天的後續狀況，他說補習回家後，媽媽幫他煮了宵夜，爸爸則是對這件事毫不知情。我鬆了一口氣，最後，我提醒他不要因為有愛慕對象而分神，反而更應該專心課業，這樣才能讓家長放心。

其實，得知陳母要來學校之時，我事先就和陳勳翰套好招，打算上演一齣苦肉計，在他母親面前假裝修理他、甚至羞辱他，等到適當時機我再請他回教室。我研判，他母親見狀應該就不會再多加責難了，於是陳生答應配合我。至於買蛋糕欺騙師長要記過？校規哪有這麼嚴厲，我根本就是在演戲。

多年後，我在家轉電視遙控器時竟然看到了陳勳翰，他擔任某個健康節目的特別來賓，當天的主題是講掉髮的問題，原來他已經是一位皮膚科醫師了，回想起他高三發生的事，晃眼間已是十多年前的往事。

節目結束後，我上網查詢他的相關消息，得知他目前在臺北某皮膚科看診，也許，等我到臺北時，可以私下掛他的診，看看他是否還認得出我來——若認不出來，肯定是掉髮太嚴重了。世事真奇妙，當初我極力保護他的臉皮，如今，卻需要他來呵護我的頭皮。

親師充電站

回頭想想，我讀中正預校的時候也和陳勳翰一樣，對異性充滿了好奇與遐想。同學們拚了命似的參加救國團的寒暑假自強活動，就是想多認識女生，等寒暑假結束回到學校後，便開始分享彼此的豔遇、奇聞妙事，即便知道其中有不少同學都是加油添醋的，大家仍舊聽得津津有味。我的父母從來不管我要去參加什麼活動、交不交女朋友、期中考第幾名；由於預校學生來自全國各縣市，我們一群同學會到處遊玩，只要偶爾撥個電話給媽媽報平安即可，他們完全信任我，我和父母的感情也因此非常緊密。

盧蘇偉先生在其著作《幹嘛要他想的跟你一樣？》中提到：「孩子長

大了，喜歡異性不是什麼問題，但要讓孩子了解人生很長，別急著馬上做決定，下一個男孩或女孩，有可能更適合喔！」

陳勳翰無論從哪一個面向來看，都是個優秀而乖巧的孩子，如今他當上了醫生，我更希望他是個快樂的醫生，能為社會做出貢獻。當他的父母需要他的醫術來治病時，但願他提供的，不僅是醫學上的治療，還有孝心的慰藉。

父母要求孩子的成績是理所當然的，但不值得因此用激烈手段來摧殘孩子的心；以打罵來回應孩子的行為，只是反射出自己的焦慮。在上述案例中，我的工作是讓陳母的焦慮平息，避免場面失控——只不過是一個小小的生日蛋糕，實在沒必要大驚小怪，然而，親子關係一旦被破壞，就難再修復了。

女廁羅生門

有些謊言聽起來有道理，但任誰都知道是假的；然而，每個人都有權利為自己辯護，提出對自己有利的說詞。這個案子相當棘手，因為我需要證據，好證明他們確實「有做什麼」，此外，我還得表現出教官的辦案經驗老到、鐵面無私！

某日，第七節下課後，部分未參加課後輔導的學生放學了，突然，有一位男老師氣急敗壞的快步走進教官室，表示剛才在六樓控制科教室旁邊的女廁裡，有一對男女同學在廁所隔間共處一室，被林素雲（學校職員）發現，不過尚不確定兩位學生剛才在裡面做什麼。他拿出一張摺成四等分的紙條交給我，上面寫著當事人的學號，不斷批評學生這種行為太不像話。

男老師走後，我立即查了學生的身分及家庭背景，女生叫陳芳怡，男生叫鍾先凱，我隨即廣播，請他們過來教官室找我。

「知道為什麼找你們來嗎？」我問。

兩位當事人互看了一眼，沒有回應。

「你們剛才被林小姐發現在六樓女廁的『包廂』裡面，請問你們在裡面幹嘛？」我很客氣的詢問，「討論功課嗎？」

「教官，」鍾先凱回答，「我們在談分手啊！」

「分手？」我很佩服這個說法，「談分手為何要到女生廁所？」

「因為我們想保有隱私，不想讓其他人聽到啊！」鍾生說。他刻意擠出笑容，更讓我覺得案情不單純，女同學一句話不吭，眼神盯著地板。

「保有隱私？」我不以為然，「可是，林小姐在廁所門外聽到的不是談怎麼分手喔？」

「我們真的在談分手啊！」他喊冤。

我眼睛瞄了陳芳怡一眼，她的眼神與肢體動作透露出恐懼大於傷心，談分手應該會傷心啊，怎麼會恐懼呢？於是我問她：「妳幹嘛掐自己的手，不會痛嗎？」

陳芳怡將手放開。

「他有恐嚇妳嗎？」我對她說，「還是說妳根本不想分手。」

「呃……我想分手。」女生的演技很不自然。

「妳的眼睛沒有淚，反而是手心出汗。今天你們是在女廁被發現，又不是男廁，他都不緊張了，妳緊張什麼？還是說你們在騙我？」

「教官，我沒有騙你，我們真的在談分手啊！」鍾生說。

「我沒有不相信，你們要談分手，我是沒有意見，但是地點很奇怪。」

陳芳怡的額頭滲出汗來，低頭看著自己的鞋。

「為什麼要分手？」我問。

「嗯……我們興趣不合啊！而且爸媽覺得會浪費時間。」鍾生左顧右盼，「教官，我現在要去補習，可不可以……」

我沒理會他，「爸媽知道你們在交往嗎？」

「知道啊！」男主角說。

「妳呢？」我特意問女主角，她輕輕搖頭。

「你們知道這個行為嚴重到可以記大過嗎？」我說。

「我們又沒怎樣！」鍾先凱口氣變差。

「怎麼證明你們沒怎樣？」我說。

「那也沒辦法證明我們有怎樣啊！」他的狡辯看似有理，卻大大的激怒了我。

「讓人懷疑就是不對！」我瞪著他，「這樣好了，先按照校規記一個大過，然後開獎懲委員會來確認處分，到時候你們自己跟委員們解釋，看誰會相信你們的說詞，到時家長要過來列席。」

「教官，不要通知家長。」陳芳怡哭了出來，她的十根手指交纏在一起。

「沒辦法，」雖然看到女生哭泣讓我有些心軟，但我還是決定給男生一個教訓，「今天先找你們過來而沒有直接通知家長，就是希望你們能對教官坦白，然後我才能想辦法幫你們解決問題。可是你們的態度讓我很失望，閃躲、欺騙、狡猾、強詞奪理，你有什麼資格對我大小聲！」

「教官，對不起。」鍾先凱立即認錯。

「你們不是要分手嗎？以後我只要看到你們在一起，就代表你們今天在騙我，我就把今天的帳一起算，」我拿出兩張「事實經過報告表」，「老老實實將剛才發生的事寫清楚！我不滿意就馬上請你們家長過來。」

「教官，我真的要補習。」鍾生說。我回他一個犀利的眼神，他就安靜了。

過了幾分鐘，救星出現！他們的導師來了。我將導師帶到辦公室外，將情況一五一十的告訴他，他聽完後猛搖頭。

「教官，能不能給他們一次機會？」導師說。

「那要看他們的態度。」我說。

「嗯……可不可以先不要通知家長？其實陳芳怡很乖，她不會騙我，鍾先凱也還不錯，交給我處理好嗎？」導師替他們求情。

「OK啊！處分單我會簽出來上呈，會導師的時候再請您陳述意見，學務主任會批示。」

「謝謝黃教官。」導師說。

兩位同學看到了光明，將「事實經過報告表」寫完交給我後，快步的隨同導師離開教官室。至於導師有沒有通知家長，我沒再過問。

\\\\\\\\

半年後，聽說陳芳怡在校外交了一個大她十歲的男友，她的家長憂心忡忡地跑來學校找導師洽談，班上同學都懷疑是鍾先凱告的密，連輔導室也介入輔導，因為我接任生輔組長，這一班換成蔡教官擔任輔導教官，我便將之前的「女廁包廂事件」告訴蔡教官，請他多加留意。我並不是替陳芳怡說話，但建議她的家長不妨學著放輕鬆，此時最佳的處理方法是陪伴與關懷，若因焦慮而破壞了親情，她以後念大學一定會選擇離家最遠的學校，而且不願回家。

這個案子並不罕見，在我服務的另一所學校也曾發生過類似的狀況。一對男女同學在早晨到校後直奔體育館廁所，被籃球隊同學發現後向教官室報告。我將兩位當事人找來詢問，他們也是矢口否認有違反校規的行為，只是在廁所包廂內「聊天」；我與主任教官討論後按照校規簽懲，結果男同學的導師氣沖沖跑來教官室興師問罪，責怪我的處分過輕，主任教官拿學生手冊的懲處條文給導師看，還是無法說服他。他嘲諷教官太軟弱，甚至偏袒同學。

我對這兩個案子的處理原則是：有幾分證據說幾分話。試想，若角色對調，換成我是男主角，東窗事發後我會向教官承認自己與女朋友在廁所內親熱嗎？應該沒有人那麼傻。因為趨吉避凶是人之常情，除非能夠拿出錄影或錄音證據才能讓學生百口莫辯，但這麼做會侵犯隱私，恐怕涉及法律問題，所以，舉證相當困難。

舉個簡單例子，有幾次我在家裡廁所「方便」，發現滾筒衛生紙用完了，只好請孩子幫我拿一卷新的過來，因為不能確定是誰用光了衛生紙沒順手補上新的，我沒理由遷怒於誰，只能三番兩次教育孩子，若發現衛生紙即將用完，請記得多拿一卷放在廁所備用。

親師充電站

我比較擔心的是許多家長手上只有薄弱的證據，卻想教訓或揭發孩子的祕密，例如在孩子的書桌抽屜發現保險套，就一口咬定他發生了性行為，不聽任何辯駁就甩巴掌，或者狠揍一頓，就算孩子辯稱是同學的、路上撿的，家長也覺得他在說謊，親子關係因為這個事件瀕臨崩解。

其實，孩子長大了，結交男女朋友很正常，正如李四端先生說的：「自由戀愛的時代，父母的意見多半和鄉間小徑的紅綠燈一樣，只能當做參考。」我覺得更重要的是，家長要讓孩子明白這個階段該嚴防的界線在哪裡，不做觸法或超乎自己年齡該做的行為，以免誤人害己、遺憾終身。

情書

記得以前看過一部古裝劇——「雍正王朝」，其中第十二集太子被廢，康熙要求大臣與皇子推舉心中的新太子人選，大多數人都上奏推舉八阿哥，此舉反而讓康熙覺得有人暗中勾結八阿哥、想奪帝位，於是怒斥大臣，認定推舉無效。宮廷外，十四阿哥為了挺八阿哥而言語衝撞康熙，康熙氣得抽出侍衛的刀要殺他，這時四阿哥（以後的雍正）以手掌擋刀，軍機大臣張廷玉則用眼神示意旁人拉走十四阿哥，以免釀成骨肉相殘的大禍，如此既給了康熙臺階下，也保護了十四阿哥。同理，雖然我沒有四阿哥這麼偉大能幫人擋刀，但我明白絕對不能讓他的母親上樓找他，否則將兩敗俱傷，後果不堪設想。

早上第一節上課前，好幾位女同學跑到教官室找我，王倩萍遞上一封林良燦寫給她的情書。我本來要打開看，但是她羞憤的要我先收起來，然後開始數落男生的罪狀。她敘述林良燦每天上課都會偷瞄她、下課故意找她聊天、放學時還會跟蹤她，害她都只能躲到廁所去，這幾天竟然還買了愛心早餐——臭豆腐，偷偷放到她抽屜裡。

講著講著她開始啜泣，看來真是嚇壞了，來助陣的同學要求我立刻把林良燦抓起來。（內心ＯＳ：哇賽，以為我是錦衣衛喔！）

等她情緒回復後，我問她是否了解林生的狀況，所有的同學點頭如搗蒜。

「導師知道他在追求妳嗎？」我再問。

「應該知道吧！但是導師每次都說我們要有愛心，問題是他老是這樣，我們幹嘛一直要忍耐他啊！」王倩萍眉毛彎成八字形。

「輔導室也是很辛苦的在輔導他。」我解釋。

「那有什麼用，每次都說要有愛心耐心，算我們倒楣喔！」她說。

「這件事情教官會處理，現在我要去上課了，妳們先回教室上課，我會約談他，OK？」

「嗯！」她心不甘情不願的離開。

林良燦是一位學障生（學習障礙生），午休時間，我請他來教官室，也向他表明不要再「騷擾」王倩萍了。

「我恨她，她都不理我。」他一坐下來就對我抱怨。

「有話好好說，你的表達這麼直接，會嚇壞她的。」

「那個李良維長這麼醜都有女朋友，我憑什麼沒有？」林良燦憤慨難平，我愣了一下，不明白他自我感覺良好的信心從何而來。李良維是他的同班同學。

「所以你就寫信給王倩萍？」我問。

「沒辦華（法），」林良燦有些臺灣國語，「誰叫她不理我。」

「嗯……這是你寫給她的？」我把情書在手上甩一甩。

他伸手想奪回情書，但被我眼明手快的收回。他很不服氣，眼神轉為凶狠，「她為什麼給你？教官，你還給我喔，你快點還給我喔！」

「你對我這麼凶，叫什麼叫？」我聲音略為大聲。

「對不起。」林生起身準備離開。

「喂，誰叫你走了？事情還沒講完。」我按住他肩膀，要他坐下。

他開始有些魂不守舍。

「為什麼要買早餐給王倩萍？哪來的錢？」我問。

「錢是媽媽給我的，早上她起不來，就會給我錢自己去吃早餐，從小學開始就這樣，我爸爸都會罵她，然後我就會保護媽媽，但是現在已經很少罵了，所以我鄰居都知道媽媽會給我早餐的錢……」

「OK，OK，」我揮手阻止他繼續發表感想，「所以，你自己沒吃，卻買給王倩萍。」

「嗯，我不餓，而且……」他說到一半突然煞車，頓了一下繼續說，「不要跟我老媽說，要不然她又會抓狂。」

「我沒辦法答應你。」

「她一定會打我。」林生說。

「那你幹嘛拿早餐的錢去買臭豆腐，很奇怪啊！」我不解。

「因為那一家只賣臭豆腐。」

「喔，蠻有創意的早餐店。」

「它不叫早餐店，它叫『金輝』。」林良燦義正嚴詞的糾正我。

「金輝？」

「對啊，從我很小它就開了，它哪是早餐店啊！」

「在早上營業的店應該就是早餐店啊！」我盡量深呼吸，保持風度。

「哪有？很多豆漿店晚上賣到早上，它就沒有寫『晚餐店』啊！哈哈哈，教官，你都沒有常識還想騙我，他叫金—輝—」

「……」

「你可以叫老闆多加一點蒜，味道更好，如果……」林良燦豎起大拇指。

「可以了，」我制止他，「總之你別再買早餐給她了，再浪費錢，我告訴你媽媽喔！」我警告他，並立即轉換話題，「聽說王倩萍男朋友是海青工商的。」

「我知道。」

「你瘋啦，既然知道她有男朋友，你還敢碰，不怕死喔？」

「教官怎麼知道，很多人都這麼說。」他露出得意笑容。

我食指與中指按著頭兩邊的太陽穴。

「怎麼了教官，你不舒服啊？」

我搖頭。

「你有心事啊！」

「我不知道該怎麼表達……」（內心ＯＳ：天啊！誰來救我？）

看著他，我決定再給他一次機會，「王倩萍希望你不要再買早餐給她、不要偷瞄她、不要跟蹤她……」

「我哪有跟蹤她？還什麼偷……什麼她。」

「好，」我點頭，「不管有沒有，請你幫個忙，不要再接近她了，可以嗎？」

「我知道。」

「那就好，你回教室去吧！快上課了。」

「教官，你知不知道這附近哪裡的早餐店好吃？」

我覺得既好氣又好笑，臉色發青，上氣不接下氣。

「教官你有氣喘喔？」

「沒有，我是在喘氣！」（OS：好想送他回火星！）

午休結束的鐘聲救贖了我，林良燦離開教官室，我整個人陷入了沮喪的深淵，無力感侵蝕著我的意志。突然，我發現那封情書還在我這裡，基於研究心與好奇心，我徐徐抽出信紙，閱讀著他寫的情書：

小倩：

我想和妳在一起，直到天涯海角，海角天涯。

妳醉了脆弱得藏不住淚痕，我知道絕望比冬天還寒冷，妳恨自己是個怕孤獨的人，偏偏又愛上自由自私的靈魂。

這樣的話也許有點殘酷，等待著別人給幸福的人，往往過得都不怎麼幸福。

喔！可惜愛不是忍著眼淚留著情書，喔……傷口清醒要比昏迷痛楚，緊閉著雙眼又拖著錯誤，真愛來臨時，妳要怎麼留得住！

燦哥

我看了傻眼，除了前面三句，剩下的明明就是張學友唱的〈情書〉歌詞，他連「喔」都抄進去，如果王倩萍沒聽過這首歌，看得懂才怪。這封信立即消除了我的疲勞，重新燃起我對生命的熱愛。

我覺得有責任讓家長知道孩子在學校的行為，畢竟他造成了別人的困擾，我更希望林良燦的母親能知道她給的早餐費流落何方。於是我約了林母來教官室洽談，說明情書事件的前因後果。

林母聽完我的解釋後非常激動，不但要上樓教訓兒子，還想要看看兒子的初戀情人，我使出了九牛二虎之力，才把她留在教官室。

「這個年紀的男生對異性產生好感是很正常的事，您不用太緊張。」我說。

「我才不管他喜歡誰！我不爽他把老娘給的早餐錢拿去亂花。」林母仍然做勢要上樓找兒子算帳。

「他們這一節好像是體育課，」我騙她，「媽媽妳先不要急，他已經知道錯了，妳這樣直接去找他，會讓他很尷尬，我已經罵過他了。」

「死孩子。」林母口中仍舊念念有詞。

我說了許多林良燦的好話，稱讚他有禮貌、單純善良。我從林母的眼中看到深深的無奈與困窘，感覺她有些心不在焉，常常恍神、未發一語。對於學習障礙生，我會特別注意言詞，也提醒自己要有耐性，根據我的經驗，他們大多思想單純、個性衝動，所以和林生溝通時我不會說人生大道理，而是淺白且直接的講重點。當他請求我不要將臭豆腐的事告訴他媽媽時，我並未答應而是轉換了話題，畢竟發生這樣的事怎麼可能不通知家長——只是不知道林母的反應會如此脫序。

最後，這次的約談在林母答應回家不會修理林良燦、並會盡量起床做早餐後結束。王倩萍沒有再來找過我，應該是我的勸告見效，林良燦知難而退。

事情過後好多年，有一次我與家人去鶯歌玩，老婆小孩在老街閒逛吃東西，我一個人先回車上打開音響，聽歌、看書，卻沒注意到自己不小心將大燈打開了。等家人回來後，車子竟然發不動，我猜想應該是電瓶沒電了，需要靠別人的車來救我。於是我拜託停車場管理員幫忙找了一位計程車運將開車過來，他將汽車電瓶急救線接在我與他的電瓶上，順利的讓我發動了引擎。

車子啟動後，他提醒我現在開始至少要連續開一個小時不要熄火，讓電池繼續充電，否則車子可能又會發不動。

我覺得這樣上高速公路太危險了，於是決定開到附近的汽車保養廠，請師傅幫我檢查電瓶是否需要更換，或者有沒有其他的問題。一下車，就發現某位正在修車的師傅好面熟，但一時想不出是在哪見過，我就到休息室喝茶看雜誌。

沒多久，負責幫我檢查的師傅到休息室為我解釋車況，他說電瓶還OK，沒有其他問題，也幫我打好胎壓了，要我放心。就在我稱謝準備離開時，那位面熟的師傅剛好走進休息室，我倆四目相對。

「黃教官。」他叫我。

「請問你是溪湖高中還是中正高工的學生？」我問。

「中工啊！我是燦哥！你忘記我囉？」

我想到了，他是林良燦。真好笑，年紀比我小這麼多還自稱燦哥。

「你怎麼會在這裡？」我問。

「工作啊！」

他還是沒有變，單純而直率，是我的問法不對，應該問他為何在鶯歌工作，這裡離高雄很遠啊！

「教官來玩喔？」他說。

「嗯，電瓶沒電了，所以來維修一下。」

後來他告訴我中正高工畢業後他就沒再升學，因為舅舅在這裡當廠長，所以介紹他過來工作。

簡單聊了一下過往趣聞後，我便準備驅車南下高雄，他抓了一把休息室的咖啡包、餅乾給我兒子，說是伴手禮，要我開車小心。

「教官，以後車壞了就過來找我，我再送你咖啡包。」

「好，謝謝。」我感謝他，也開心地祝福他事業順利，看到他能夠自食其力，才是我最開心的事。

親師充電站

陳美儒老師在《接住孩子的青春變化球》一書中建議家長：「面對孩子的感情，您可以關心，但請不要太操心；您可以扶持、安慰情場受挫的孩子，但請千萬不要親自介入、插手干預。過度的干涉，最容易引起孩子情感變化的後座力。」

遇到孩子的感情事，家長應該以就事論事的態度，把自己的想法與規定講得非常清楚，因為他們心裡的認知往往與我們不同，容易堅持己見。針對學習障礙生，除了要以穩定的情緒來處理，也要善加運用校方資源，尋求輔導室特教老師的協助，才能讓事件圓滿的解決。家長不需要靠發脾氣或動輒出手教訓的方式來彰顯自己的權威。

家長們，您給孩子錢出去買早餐，他都花到哪裡去，您知道嗎？

愛情不能綁約

我很討厭看到女生哭，嗯……應該是說我很怕女生哭，因為我是一個很難哭出來的人，看到人在哭容易讓我產生惻隱之心，下意識地認為哭的人一定有許多冤屈，而我天生就很雞婆，想了解到底發生了什麼事。尤其是她抽泣得不能自已，一定傷心至極。

某日用完晚餐在值勤室看新聞關心國家大事，突然，一位女同學站在值勤室門口，隔著紗門望著我。我趕緊起身關掉電視，走出去，「同學，有什麼事嗎？」

女同學低著頭不發一語。

「教官能幫妳什麼嗎？」

她的頭髮蓋住了半張臉，流露出失魂落魄的模樣。一般而言，大學生來教官室都不是來找我們聊天，而是有狀況發生。

「妳還好嗎？」我繼續嘗試溝通，但還是沒有回音。

根據多年來的辦案經驗，我提出個人見解：「失戀了？」

關鍵字一出，女同學的淚水馬上嘩啦嘩啦的潰堤，我請她到辦公室坐下，連忙遞上紙巾，並倒了一杯水給她。

「來來來，別哭了，到底發生了什麼事？告訴教官。」我安慰著。

她足足哭了十分鐘，等她告一段落，我鍥而不捨的追問：「妳說出來會感覺好一點。」

她哽咽著，一句話都說不出來，想必是受了莫大的委屈。

「男朋友劈腿。」我蹦出了這幾個字。Bingo！女同學再度以淚水譴責劈腿這一令人髮指的行為。待一切歸於平靜，我再次鼓起勇氣詢問她事情的經過與訴求。

女同學叫顧晨曦，企管系三年級，有一位交往三年的同系男友。上個月發現男友與她的室友之間有曖昧情愫，慘遭背叛的糾葛讓她課業一落千丈，雪上加霜的是，男友最後竟然選擇了她的室友而與她分手。傾聽顧生陳述的過程中，我持續的遞紙巾給她擦拭淚水，後來乾脆將整盒面紙都交給她。

「妳有跟導師說過嗎？」我問。

顧生搖頭。

「妳爸媽知道嗎？」

她瞥了我一眼，沒有回答。

「學輔組呢？」

她無辜的望望我，氣若游絲的說：「找他們沒用。」

「妳怎麼知道沒用？他們可是專業的輔導老師，比教官專業多了。」

「我不知道怎麼找他們，反正軍訓室都有人，我想先找教官。」

「喔。」（內心OS：我真是太榮幸啦！）

我突然閃過一個念頭，請她面向電腦。

「教官現在先放一首歌給妳聽，等妳聽完之後我們再來談，這首歌叫做『你們要快樂』。」

於是，YouTube開始播放這首李聖傑的歌，MV的故事情節和顧生的情況不謀而合，只是MV中被背叛的人是男生。四分三十五秒的影像鋪陳深深吸引她的目光。

歌詞如下：

妳哭著拿下銀手鍊還我的時候　最近妳躲我有了理由
別說我的愛讓你慚愧不配擁有　珍惜不就是溫柔

但妳說抱歉愛上了我的好朋友　原來心酸比心痛難受
茫然的走到了門口倔強還是念舊　我聽見我回頭說
你們要快樂　要天長地久　你們沒有錯　愛是自由
走出這扇門後　至少我還有遼闊
你們要快樂　要緊緊牽手　你們不幸福　我會難過
成全最愛的人　不是為了看著她寂寞
過去曾讓妳笑得很甜　不代表有權利要妳糾結
雖然遺憾愛情也有它的季節　風不能吹　就做最瀟灑的落葉

MV結束後，我小心翼翼的問：「還好嗎？」

顧晨曦止住了淚水微微點頭，看來彷彿明白了一些道理，也有可能是掉入了某個時空，眼神失焦，久久未能回神。

「這首歌堪稱是分手情歌中的經典，想要分手的情侶會安心分手，已經分手的會有衝動想要復合。」

「噗……」她苦笑幾聲，這是好現象，我決定換個方式乘勝追擊。

「沒關係啦！妳放心，三天後妳就會忘了這段感情。」

「教官，怎麼可能？」

「沒錯，」我衝出這兩個字嚇了她一跳，「三天就能忘了這三年的感情，表示這段感情太不踏實了！」

「我忘不了。」

我停頓一會兒，繼續說：「要不然，把妳男朋友與妳那個室友的姓名、科系、手機號碼給我。」

「幹嘛？」

「教官會趁機偷偷破壞他們的感情，讓他們神不知鬼不覺的黯然分手。」

「教官，」她嚇得瞠目結舌，「你……你……」

「我跟妳開玩笑的。」

「對嘛，教官，我就說這樣不好吧！」

「沒錯，」我大吼，「談感情不可以報復！」

顧生流露著複雜的表情，於是我繼續加碼。

「你們系上有男同學知道這件事嗎？」我問。

「有幾個跟我很熟的知道。」

「這樣好了，」我睜大眼睛看著她，「妳在其中挑一個交往，隨便誰都好，只要能打發無聊就行。」

她嚇到鼻涕都噴了出來，又抽了一次紙巾，露出哭笑不得的臉色，「教……教官，你又在開玩笑吧！」

「有慧根，」我再次大吼，「絕對不可以在妳最脆弱的時候隨便找人替代。」

顧生聽了我的瘋言瘋語大概也快「起肖」了，於是便站了起來，「教官，那我先回去了。」

「喔，要不要教官開車載妳回去？」

「不要不要！」她搖搖手向後退了幾步，「我自己走，我自己走。」

我送她到門口叮嚀著：「記得我剛剛說的兩個原則：第一點不要報復、第二點不要因為寂寞而隨便找人替代。」

顧晨曦勉強擠出笑容向我致謝，這樣才符合她的名字——叫晨曦應該要陽光一點。看她走了二十公尺，我又叫她：「同學。」

「幹嘛？」她回頭。（內心ＯＳ：晨曦，我輔導了這麼久，妳也真夠冷漠！）

「還有一點，未來的路要自己走啊！勇敢一點，會有更好的男生等著妳。」

她點點頭，握拳給自己打氣，然後離開。

＼　＼　＼　＼　＼　＼　＼　＼

當我在值勤室看到精神萎靡、表情木然的顧生，就看出有些不對勁。得知她因為男友劈腿而無處訴苦時，我研判她需要的應該不是大道理，而是溫暖的關懷，於是我臨時起意挑選李聖傑的ＭＶ，讓她先跳脫苦情、轉換情境，接著再用輕鬆而詼諧的方式來引導她，希望她能開懷。隔天，我再通知顧生的導師與心理師，希望能多留意她的狀況，至於要不要通知家長，我則尊重心理師的專業，這個時候她需要的應該是關心而不是壓力，未來的路還是要自己走。

以前看過一部電影：《新娘不是我》（My Best Friend's Wedding），內容敘述茱莉亞・羅勃茲與男友的感情轉淡，於是約定二十八歲時若彼此都還沒有理想對象，兩人就結婚。某天她男友打電話來表示他要結婚了，想邀請她當伴娘，茱莉亞・羅勃茲頓時發覺自己錯過了一個好男人，當下決定要搶回新郎。於是她耍了很多陰招，但在與準新娘相處的過程中，她慢慢體會到什麼是真愛，於是決定放手，並給予前男友與新娘衷心的祝福。就像顧生的情況，既然留不住，就該放手。

多年後，我收到一個女子在臉書上的好友邀請，我對她的名字有些印象，等我看到她的照片才認出了她，是顧晨曦——臉書真是無遠弗屆。閒聊中得知她正在澳洲打工度假，臉書貼了許多她在當地剪羊毛、擠牛奶、騎馬、玩樂的照片。我沒有白目地問她感情之事，但注意到有個男生常出現在她身邊，狀似親暱，或許就是她男友。很榮幸當年她最低潮時願意相信教官，我不知道當時的開導對她有沒有效，或許當時的她也沒有想找我拿特效藥，只是希望能找個人說說話。那一個多小時的青春碰撞或許可以給她些方向，找到出口來突破困境，至少軍訓室可以做個安心的避風港。

親師充電站

若您的孩子失戀了，想要向您傾訴，這可是千載難逢的機會教育，不妨試試伊莉莎白・潘特利（Elizabeth Pantley）所著《用對方法，教出懂事小孩》這本書中的建議，您的動作或語言可以如此：

1. 放下你的報紙或洗到一半的碗，關掉電視，在孩子感到自在的範圍內維持眼神的接觸。
2. 不要告訴孩子解決的方法，或長篇大論教訓人。例如：「我已經告訴過你了！」
3. 不時問孩子一些問題，讓孩子知道你在聽。例如：「怎麼會這樣？」
4. 接納孩子的恐懼、感受和憂慮。例如：「我知道你現在很害怕。」
5. 幫助孩子把焦點集中在可能的解決方式上，避免愈陷愈深。例如：「你想不想聽聽看我的點子？」

連教官都能做到傾聽，相信身為家長的您更能做到同理心對待，孩子必能感受到溫暖的關懷，讓失戀帶來的衝擊與傷害降到最低。

分手快樂

誰說分手一定會哭的死去活來，讓人肝膽俱裂、傷心斷魂？殊不知還有人因此暗自竊喜。就這次的事件而言，學生充分運用到借力使力的套路，隨機應變、巧妙地分手於無形。於是，教官被利用了，家長被蒙蔽了。

午休時間，教官都要到各樓層去維持秩序，讓同學專心午休。某天，我走到化三忠教室清點人數，發現吳昕博不在座位上，詢問風紀股長，他也支支吾吾、言詞閃爍。於是我走到教室後的走廊，發現吳生與一位女同學躲在靠近廁所後方的角落，女生正坐在男生的大腿上。我緩緩靠近，就怕打草驚蛇——也擔心椅子會散掉，直到距離不到一公尺了，他們都還沒察覺我的存在，可見有多麼投入。

「咳咳。」我故意清清喉嚨。

女同學聽到聲音立即展現彈跳功力，然後向後退了幾步，癟著嘴低下頭；男生則有些吃驚的站起身、摸摸頭。

「吳昕博，」我將手背在後面，「是怎樣？有人來了都不知道！」

兩位當事人尷尬的互望，沒有表達意見。於是我將他們帶到教官室，按照標準程序處理——寫事實經過報告表，通知導師、家長。女生不是我的輔導班，於是委請她的輔導教官協助處理。兩天過後，吳昕博跑到教官室找我，仍舊一副玩世不恭的表情，我想他一定是來抱怨我破壞他的感情，早有心理準備。

「教官，嘿嘿……謝啦！」

「嗯？」我懷疑自己聽錯了，「謝我什麼？」

「其實，我早就想跟她分手了，只是一直找不到機會。」他摸摸頭說。

「喔，所以你剛好趁這個機會，」我恍然大悟，「做個了結。」

「對啊！感謝教官讓我有藉口跟她提分手。」他突然靠上來想和我擊掌，我還差點伸出手。

「那我還幫到你囉！」我苦笑。

「是啊！所以要謝謝你！嘿嘿……」

「你回去之後，爸媽有沒有罵你？」

「有啊！無所謂，他們也是罵假的，」他雙手一攤，「重點是我和她分了。」

「這樣也好，你現在終於可以專心在課業上啦！」

「教官你別傻了，我現在交了一個新的。」他一副眉飛色舞的樣子。

「新的女朋友？」我皺眉。

「是啊！」

「這麼快，」我提出警告，「不要再帶到後走廊啦！」

「嘿嘿……教官，我會很小心的，這個我還不想分。」

一瞬間，我有一種被利用的感覺，他果真是風流得一蹋糊塗。

其實，吳昕博在校曾經因為抽菸、不假外出、頂撞師長……累記了兩支大過、兩支小過，距離三大過僅有一步之遙。他每次違反校規都不會辯駁，甚至一臉漫不經心，算是班上的頭痛人物，我認為應該是他的家長太過寵溺而造成的後果。

吳昕博一年級時，曾經有同學來教官室檢舉他在網路上賣假貨，希望學校出面了解與制止。李教官（當時的輔導教官）與導師約談他家長到校處理，我聽見吳生的父親一開始就質疑教官、抱怨學校，強調他的兒子是被陷害的，要求還他兒子公道，吳母甚至要求教官將檢舉的同學找來對質。

李教官拿出網路的截圖以及買方同學（別校）的書面指控，吳昕博的家長還是一口咬定兒子沒有賣假貨，所有的事情都是別人的錯，還揚言要找議員來處理，遂與教官發生口角，導致雙方不歡而散。幾天後，李教官向主任教官報告受騙的買家已到派出所備案，弄得學校顏面無光；然而，他爸爸神通廣大，讓該事件無疾而終，吳生沒有得到教訓，每日依舊逍遙度日。

畢業前夕，他因為學業的學分數不足，無法領取畢業證書，家長不檢討自己漠視寄到家裡的成績單，卻跑去教務處大發雷霆；最後只好將吳昕博轉學到某私立學校多混一年，才拿到畢業證書。

電影《哈利波特：神祕的魔法石》中有一段場景，完美的示範了什麼叫「寵壞小孩」。哈利波特因為父母雙亡而住在姑姑家中，某日，姑丈與姑姑為寶貝兒子達力慶祝十一歲生日，禮物包括遙控飛機、自行車、電腦遊戲光碟……當達力數著自己收到的禮物時，他說出了這句經典臺詞：「三十六！比去年少兩件！」

他的母親驚慌之餘，想起還有一件瑪姬姑姑送的禮物，達力雖然稍微開心了一些，但禮物還是比去年少了一件。母親搶在達力情緒失控前，說待會兒全家出去，再給他多買兩件禮物，這樣就比去年多一件了。達力的怒火才終於平息。

吳昕博的脾氣與態度不是一天養成的，就我所知，他的手機是最貴的那一款，每個月的零用錢五千元，他的家長以為用物質可以換得孩子的快樂，其實不然，就像哈利波特的表哥達力一樣，即便拿到三十六件禮物，還是不滿意。

親師充電站

鴻海集團董事長郭台銘曾說過一個小故事：

某次他回老家祭祖時，包了一輛計程車。當天，郭董趕夜車，從山西南部夜渡黃河。晚上十點多，司機稍做休息，便與郭台銘坐在黃河邊聊天，聊啊聊啊，司機先生竟哭了出來。原來，這司機每天賺了錢，只吃兩個饅頭、兩根蔥，但為了孩子，他一定會買根雞腿回去給兒子吃。有一次，他生病了，妻子把兒子的雞腿拿給他吃，兒子竟然打妻子一巴掌說：「這雞腿是我的，為什麼要給爸爸吃？」

家長不應該被孩子的情緒綁架，對其偏差行為視而不見、甚至護短，不久的將來就會看到「效果」。其實，家長最重要的工作不是取悅孩子，而是讓孩子做好踏入社會、面對人生的各種準備。

網路上盛傳一則出處不詳的文章——「寵壞孩子的方法」，摘錄其中幾項供讀者參考：

1.有求必應。
2.他出口成「髒」，你一笑置之。
3.從不訓練他精神獨立。
4.從不告訴他錯在哪裡。
5.替他收拾所有弄亂的東西。
6.毫不限制他的讀物。
7.當他的搖錢樹。
8.滿足他所有的口腹之欲。
9.永遠站在他這邊。

據說只要家長照單全收，保證可以培育出不負責任的下一代。

Part 3
師生對峙

我在成大服務時，曾處理過一件讓我刻骨銘心的意外事件。某天晚上，一位博士班的學生拿著球棒來軍訓室，對我說要打某位教授，因為教授剽竊他寫的論文去國外發表。

我除了安撫他的情緒（拿走他的球棒）也找了學生的哥哥來軍訓室協助處理，教授在得知消息後親自過來向學生致歉，並表示論文會以學生的名字發表，這才化解了一場紛爭。然而，教授不再獲得學生的尊重，這才是致命傷。

因此，我當教官的首要目標就是以我的授課專業、處事態度讓學生能夠對我服氣，接下來他才有可能願意聽我的，建立良性溝通與互動，弭平可能發生的校園衝突事件。

道歉的藝術

許多人的刻板印象會覺得，軍訓教官就是負責在校門口登記學生遲到、不定時到校園各個角落抓抽菸分子、升旗時宣佈哪些班級午休不守規矩、上放學時段負責交通導護、學生翻牆時吹哨子、抽空驅趕推銷員進校做生意……殊不知我最常做的工作，卻是擔任「溝通大使」，處理同學間的嫌隙、家長與孩子的溝通冷感、老師與學生的衝突熱戰等等疑難雜症；依據經驗，老師最需要的是尊重，學生最厭惡的是道歉。

某日早上第二節下課，一位莊姓英文女老師來到教官室，看起來怒氣沖沖的，和她平時溫柔高雅的形象差很大。她控訴夏明治剛剛在上課時玩手機，請他收起來時不但不聽，反而口中念念有詞，真是把她氣炸了。

「教官，你把他叫下來，我在這裡等他。」莊老師皺著眉說。

我馬上吩咐一位同學到教室通知夏明治，並詢問老師：「您下節還有課嗎？」

「有啊！」莊老師還在氣，「這些學生都不知道我們備課的辛苦！」

「是啊，真是太過分了。」我跟著同仇敵愾。此時，上課鐘聲響了，我裝出一副懊惱樣，「老師，這樣好了，這件事情交給我來處理。」

「嗯，」莊老師做了一次深呼吸，「教官一定要給他記過！」

我微笑點頭，送她離開辦公室。

第三節下課後，我廣播夏明治來教官室向我報到，結果他沒出現。我查過他的家庭基本資料後，先向導師報告事發經過，午休時再直接去教室找他，起初他還是一副屌兒啷噹的模樣，我拍拍他的肩膀，請他到教官室來。他承認上課玩手機，但辯稱是因為老師上課太無聊，他也坦承罵了老師，但他有摀著嘴巴，所以對方應該聽不清楚內容，我要求他去向老師道歉。

「憑什麼！」他握拳，一副想幹架的姿勢甩頭就走。

「你給我回來。」我說。

他遲疑半晌，還是不情願地走回來，「我幹嘛跟她道歉，她口氣這麼差，讓我沒面子，幹……」

「喔，你不但罵老師，還罵教官。」

「哪有？」夏明治露出蠻不在乎的表情。

「那就先記你一個警告，然後再根據罵老師的內容來處分，搞不好會記到一個小過……」

「小過？」他的眼睛瞪得比牛眼還大，「我又沒怎樣？」

「光看你的態度，應該要退學，」我故意嚇他，「哪有跟教官講話還這麼囂張的？記過已經算優惠你了。」

「記就記啦！我才不要跟那個人道歉。」

「好，」我拿出一張紙，「0929123XXX是誰的電話？」

夏明治愣了一下，「教官你怎麼知道？」

「我打給你爸爸好了，看他要怎麼處理？」我隨即拿出辦公室的自動電話，做出要撥號的動作。

「教官。」他急了，伸手阻止我。

「我給你一節課考慮要不要道歉，如果你去了，也許我可以試試看給你機會減輕處罰。否則就照我剛剛說的處分標準，然後通知你爸爸來領手機，而且建議他最好沒收。」我說。

「我又沒有辱罵老師，班上同學可以做證。」

「那我不管，這要看老師的感受！第五節下課不來找我帶你去向老師道歉，就沒機會了，回去吧！」我語帶不耐，拿起電話，「要不然先打給你爸爸，看他要怎麼處理？」

「教官，」夏生再度阻止我打電話，「現在就去啦！又不會死。」

「你看看你的態度，這樣還是不去道歉的好，免得事情愈弄愈糟。」

「好啦好啦！那我要怎麼做？」

我將夏明治帶到會談室，避開其他人，告訴他誠懇的道歉首先就要誠心誠意，哪有像他臉這麼臭的，他勉強的抽動臉頰肌肉，雖然看得出來他有盡力，但看起來還是很不誠懇。我向他說明為何老師會不開心，要他收斂脾氣。接下來，我告訴他見到老師時該如何鞠躬，說哪些話，把握「不反駁」、「不插嘴」、「不搖頭」的三不政策，也把老師可能會出現的動作、言語，和他沙盤推演了一番。

「好，你現在模擬一遍，我當莊老師，你過來跟我道歉。」

他不情願的走過來，「莊老師對……對不起，我不應該原諒，喔不，手機我不要，嗯……」他將我寫的字條拿出來覆誦，「莊老師對不起，我不應該上課玩手機，請妳原諒我，我知道錯了。」

「把它背熟！」我提醒他，「等一下過去，不要再看字條，聽到沒有。」

「嗯！」他點頭。我們一直排練到午休結束，約定第五節下課去道歉。

我把他帶到教師辦公室時，莊老師嚇了一跳，顯然沒有想到我們會出現。夏明治向老師鞠躬、道歉，然後兩手掌緊緊貼著褲縫，頭部向下約十五度，做出反省狀，雖然他說話結結巴巴，但表現還可以，其他老師也都目睹了整個經過。莊老師起初大聲的數落著夏生，還好他謹記三不政策，沒做出什麼讓場面失控的舉動。

幾分鐘過後，莊老師的火氣已經不像早上那般猛烈，最後丟下一句：「不要有下一次！」

「聽到沒有？」我說。

「聽到了。」夏明治說。

我請他先到辦公室外面等我。

「老師，」我說，「他實在太過分了，竟敢在您的課玩手機，還頂撞您，我會請他爸爸好好修理他，不教訓不行。」

「嗯……」莊老師有些遲疑。

「讓他爸爸揍他一頓。」我措辭強烈。

「不必啦！」莊老師連忙阻止，「萬一出了什麼事怎麼辦？」

我點點頭，「好吧，我尊重老師的決定。」

「那……處分方面？」

「老師您的意見是？」我要讓老師覺得這是她自己決定的處理方式。

「我再給他一次機會，這次就算了。」

「老師真是太有修養了，OK，接下來我會處理。」

「黃教官，謝謝你喔！」莊老師笑逐顏開。

「不客氣，這是我應該做的。」

走出辦公室後，我陪夏明治回教室，將他的手機代為保管到放學，以免再次與別的老師發生衝突，他也向我保證爾後絕不在上課玩手機。我告誡他若再犯將會加重處罰，並要求他寫下自白書做為保證，最後我又念了一遍他父親的手機號碼。

夏明治是不是誠心道歉不是我的重點，能不能讓莊老師獲得安慰與尊重才是我在意的。我自知沒有神力能在短時間內讓他低頭認錯，不過，我從他的導師那裡得知，夏生的父親待他極其嚴格，這是條相當重要的線索，讓我能借力使力、藉此壓制他。我故意在教官室陪莊老師拖到上課鐘響，就是希望兩位當事人不要碰到面，否則，雙方都在氣頭上，情勢可能一發不可收拾。我透過廣播通知夏明治來教官室，目的則是要莊老師聽到，讓她知道我正在積極處理這件事。

二〇一三年有一部日本電影《謝罪大王》，主角黑島讓是一名專業的「謝罪師」，他的工作就是負責替客戶的道歉事宜提供協助。有一個剛從國外留學回來的女子與黑道發生車禍，被要求賠償鉅款，不然就會被送到酒店坐檯還債。黑島讓接受委託後，決定演出一場極其誇張的「道歉表演」，他先假扮成該女子的哥哥，血淋淋的爬到黑道老大面前，搖搖晃晃、幾乎要斷氣般努力地為女子道歉，接著以迅雷不及掩耳之姿施展「土下座」道歉儀式，並且叩頭許久不肯起身，這樣的態度讓黑道大哥覺得非常有面子，因此順利地完成了道歉的工作。

雖然這只是電影情節，但也凸顯了一個事實：現代人常常得罪別人，但是真正懂得道歉的人卻十分稀少。

親師充電站

學生在課堂上偷用手機時有耳聞，青少年沉迷網路的問題實在是天下父母的頭號強敵，家長應運用策略及方法來引導，而不是一昧地試圖控制孩子。親子可共同商討如何使用網路，達到雙贏，例如：我規定念國中的兒子每週五、六、日的晚上九點半至十點可以上網，其餘時間一律免談，然後將規定寫在紙上做為提醒；若是偷上網被發現，則取消當週上網權利。念國小的女兒則不得使用手機，因為她有假性近視的問題，目前仍在就診治療，我告訴她，想要擁有手機就得先努力讓視力恢復正常，以此做為激勵，她也不會有怨言。如此，有規定做為規範，家長可以安心，孩子也會玩得開心。

攻心為上

馬克吐溫的名著《湯姆歷險記》中有一段情節給了我相當大的啟發：湯姆有次被姨媽處罰要用油漆粉刷三十碼（約二十七・五公尺）的圍牆，他根本不想刷，也不願因此被同伴嘲笑揶揄，於是心生一計，假裝很開心的刷著油漆，口中還哼著歌，果然吸引了一大群小孩圍觀，甚至搶著想替他粉刷，湯姆愈不讓他們刷，大家反而愈想刷，甚至還拿東西賄賂他才有「榮幸」刷到油漆，最後既完成了工作還收到許多禮物，實在很聰明。我並非鼓勵狡詐邪佞，僅是強調某些事若要達到目的，必須靈活運用戰略。《孫子兵法》強調「攻心為上」，若想扭轉頹勢，必須先擄獲對方的心，方能不戰而全勝。

剛來溪湖高中這個新環境，我總會利用時間到美麗的校園各處走走逛逛，順便查看有無同學違反校規。某日的上課時段，我依往例在巡查校園，赫然發現一位男同學坐在學校大門右側的涼亭下，口中念念有詞，我覺得有些怪異，便上前關切。

「同學，你怎麼沒去上課？」我問。

這位同學瞄了我一眼，沒說話。

「怎麼了，心情不好，要不要……」我關心他。

「干你屁事？」同學出言不遜，還賞我一頓白眼。

我簡直無法相信，竟然有學生這樣跟教官說話，想必有兩下子——我初到校，還搞不清楚狀況。轉念一想，說不定是校友穿學生制服在乘涼，於是我忍住不開罵，先觀察觀察再說，只是將他制服上的名字默默記了下來。

回到辦公室後，我問了其他教官才得知了這號人物，他叫劉漢升，目前是王教官班上二年級的學生，是輔導室加強輔導的「情障生」（情緒障礙生）。他的「豐功偉績」包括：上課時說去上廁所便開始搞失蹤，到校園的各個角落去尋找自我；經常與授課老師發生言語衝突，逼得家長得來學校道歉；偶爾向學長嗆聲說要打人，卻反被學長K得滿頭包，下次還是學不乖；某次升旗典禮，他直接走到操場司令臺下，卻什麼都不說，搞得校長一頭霧水……種種脫序行徑簡直罄竹難書。

「難道沒辦法治他嗎？」我表達疑惑。

「唉，學校也很無奈，他早就被記滿三大過了，照理說應該被退學，但現在教育部規定學生不能被退學，只能輔導轉學。」王教官解釋。

「什麼叫輔導轉學？」我不解。

「就是我們學校必須找到另一所學校願意收他，才能讓他轉學過去，問題是，誰敢收他啊？全彰化縣的輔導室大概都認識他了，目前只能以拖待變。」王教官搖搖頭。

林教官、彭組長陸續發表對劉漢升的看法，就連學務處的職員也輪流轉述劉漢升大大小小、廣為人知的怪誕行徑。我暗自慶幸自己沒有教到他，然而，老天似乎覺得我面臨的挑戰不太夠……下個學期，因為課務調整，劉漢升這一班變成我的輔導班級。我自忖，一場衝突恐怕在所難免。

果然，第一次軍訓課在籃球場旁的紅磚道實施基本教練，我就發火了。

「你為什麼遲到？」我指著他。

他沒有回答我，反而低頭訕笑，其實我知道他是因為上課鈴響還在球場打球而遲到，但我還是希望他能自己開口。

「為什麼遲到？」我再問一次。

他抬起頭緊握雙拳，狠狠的瞪我，兩腮因為緊咬牙根抽動著，還是沒說話。

「上課不能遲到你知道嗎？莫名其妙，」我指著牆角，「過去站著。」

他愣在原地，可能是太久沒有被人「嗆」了，一時間竟反應不過來。同學都在注意情勢的發展，我必須先立下規矩，將來才方便管理。

「X你娘。」劉漢升回過神來對我爆粗口。

「你說什麼？再說一遍。」我回擊。

「X你娘咧。」這次多了一個字。

「沒關係，你不要耽誤我上課，辱罵教官，回去按校規處理。」我完全不示弱，真想衝過去K他，但是我確定同學不會攔我，只好打消此意。

這堂課我完全沒搭理他，無論他的表情多難看，動作多挑釁，我都自在的按照課表操課。下課後，我立即向王教官吐苦水，他表示會把劉漢升找來輔導，畢竟他們相處了一年多，情分還是有的。更何況他還是王教官春暉社[註1]的社員，相信他可以說服他。

隔天，王教官帶著劉漢升來向我道歉，我看得出來他是被逼的，並不是誠心誠意。礙於王教官的面子，我同意原諒他，不過記過對他而言不痛不癢，我還是得想辦法降伏他。

隔週軍訓課，又上到劉漢升的班——他這次沒遲到。我帶著班上同學去槍房拿教學用槍，這把槍雖不能擊發，但也有好幾公斤重。教學進度是「持槍基本教練」，要教同學們練習持槍時的基本動作，包括立正、稍息、敬禮、原地間轉法。

該上的進度結束後，大家覺得課程很呆板，有些無聊，於是我跟他們提到民國七十七年與八十年，我就讀海軍官校時，到臺北參加國慶閱兵踢正步、經過總統府的往事。同學們聽得津津有味、互動熱烈，開始要求我教他們踢正步，我說他們才高中，體力一定不夠，勸他們不要輕易嘗試，他們不服氣的表示自己也是男子漢，一再央求，我只好勉強同意（內心ＯＳ：其實我很樂意）。

我開始示範一些基本動作，擺手、抬腿、端槍[註2]、托槍[註3]。

「現在，該證明各位是不是男人的時候了，」我半開玩笑的說，「等一下我們比照踢正步的姿勢，我做什麼動作，你們就做什麼動作，有沒有問題？」

「沒……有。」同學們答得很心虛。

同學們暖身後，我感覺到他們對於接下來的課程既興奮又緊張，我於是先示範如何擺動左手，雙腿如何踢高，然後踢了十幾公尺的正步，博得滿堂彩。接下來，我請同學將步槍扛上肩膀，提醒他們右手掌要控制好步槍的平衡，以右肩的肩頰骨頂著槍。接著要求他們將左腳踢出後懸空，這個高難度的動作可讓他們叫苦連天了。

接下來，我讓他們挑戰三分鐘、五分鐘、十分鐘腳不落地，我以身作則帶著練習，學生們個個努力練習、沒有一句怨言，我看得出來，這些孩子的鬥志已被激發出來，腎上腺素應該已經暴衝腦門……一陣微風翩然襲來，讓我回憶起當初在海軍官校接受正步訓練的點點滴滴，沒想到事隔十多年，會在我高中軍訓課上派上用場，不禁讓我會心一笑。

「正步走。」我發口令。

這群大男生踢正步有如亂馬奔騰，慘不忍睹。經過多次練習總算漸入佳境——以非軍校生的標準而言算是難能可貴了。下課前，我還讓同學進行踢腿對抗賽，第一排與第二排PK；第三排與第四排PK，然後算一次軍訓平時成績。

「教官，下禮拜我們來個人賽啦！我和你PK。」讀者沒猜錯，這句話就是劉漢升嗆的。

「我從來不接受學生的挑戰。」我說。

「教官跟他PK啦！」許多同學在一旁鼓譟，我知道大部分的同學都希望我能好好修理他。

「好吧，我破例一次。」

「輸的要被阿嚕巴喔！」他挑釁。

我瞄了他一眼，搖搖頭。

「要不然做伏地挺身。」他說。

「可以。」

過了一週，又到了他們班的軍訓課時間，除了繼續練正步，我也履行諾言和劉漢升展開ＰＫ，看看誰的腳踢得高、手擺得漂亮、步槍托得直。由班長做裁判，全班投票決定。結果呢……各位又猜對了，我一面倒完勝——畢竟我受了四年的官校正步訓練，怎麼可能輸給一般高中生呢？

劉漢升願賭服輸，立即做了三十下伏地挺身。

「嗯，是條好漢子。」我在同學面前對他豎起大拇指，「為了回報你的勇氣，我也做五個伏地挺身。」

「厚，才五個。」劉漢升一臉不屑，同學們也跟著起鬨。

「你要看清楚，我只用拇指和食指做。」

接下來，同學們不敢置信的看著我用兩根指頭完成五個伏地挺身，最後換得同學掀頂的喝采。

「教官太神啦！」「教官不是人！」「教官是禽獸！」同學們鼓譟。

「喂，不要亂說，」我得意的揚揚手，「說我是野獸就算了，什麼禽獸？各位的正步踢得很好，我考慮要大家在校慶的時候表演給全校看，甚至去其他學校表演，到時候很多正妹會想和你們交往喔！」

「教官，真的假的？」班長追問。

「假的。」我坦白說。

「哈哈哈……」班上同學一邊噓我，一邊大笑不止。

「他媽的，教官你很機車耶！」劉漢升果然不甘寂寞，總想挑戰師長。

「漢升，」我糾正他，「不要說髒話，聽到了嗎？下一次再說髒話，教官就要處分你了。」

他雖然臉很臭，倒是沒有再回嘴。中午巡堂接近輔導室時，突然有人從後面叫我：「喂，教官。」

「幹嘛！」我被他嚇一跳。

「你那個兩根指頭做伏地挺身超屌的，」劉漢升比出手勢，「練了多久？」

「沒有練啊！我天生就會。」

「幹，聽你在放屁，」他還是口無遮攔，「你教我啦！」

「你你你，什麼你？滿口髒話，你要叫我教官。這麼沒禮貌，你這種態度到社會上要吃大虧。」

「哪會？」劉生不以為然。

「你好自為之。」我扭頭就走。

「好啦，黃教（官）等一下啦！我會改啦！」

之後，他常到教官室找我，詢問軍校的生活點滴、部隊的操演趣聞，我也藉機灌輸他「紀律」的觀念，我不知道他究竟聽進去了沒有，不過此後，他再也沒有與我為敵了。

當初劉漢升在涼亭對我爆粗口是我對他產生不良印象的開端，之後在第一次軍訓課時他又遲到，讓我火冒三丈，對他的印象更糟糕了，還好我及時修正了做法，沒讓事端擴大。孔老夫子說得真好：「因材施教。」我自認沒有能力教導他如何控制情緒、開創美麗人生，然而，對付這種學生千萬不能示弱，否則他只會得寸進尺——但也不能對他來硬的，最好的辦法是讓他佩服你，找一樣他有興趣的事物吸引他上鉤，接下來才有機會對他宣揚自己的教育理念。

正如文章開頭提到湯姆刷牆的故事，想要說服別人接受你的觀念，就要先把那個工作弄到高尚且難以觸及，這樣大家就會趨之若鶩。我知道劉漢升喜歡在眾人面前逞英雄，所以早就計畫好要用兩根指頭做伏地挺身——還提前做了練習，最後果然收到了很好的效果。

某天，我在成大上完軍訓課後，一位女同學跑來找我，說她是溪湖高中第六屆的畢業生，班上的導師是洪○○，雖然我沒有教過她，但是她記得我。直到女同學提及劉漢升與她同班，我們的話匣子才打了開來。

據說劉漢升離開溪湖高中後就沒有再升學了，在彰化老家附近做裝潢師傅，有一次開高中同學會，他還帶女朋友過來。他的脾氣依舊火爆、口氣十分囂張，幾杯黃湯下肚後還和同學划酒拳、比賽伏地挺身。

「教官，他用兩根手指頭做耶，真是神經病！」女同學瞠目結舌的說。

我裝傻，會心一笑。

為了樹立專業與口碑，我花了非常多的時間來精進教學，準備多彩繽紛的投影片與資料，在上軍訓課時以扎實內容來收服學生，其實，孩子們心中會默默為你打分數，從他們的眼神與互動中就可以知道你拿到了幾分。爾後，若要處理學生鬥毆或口角的紛爭，他們大多會賣我的面子——最起碼不會讓事件惡化，所以，孩子的信任感需要靠平時維繫，親子之間更是如此。

曾經，為了多了解劉漢升，我詢問他家裡的情形，只見他言談之間對父母充滿了蔑視。

「你在家也會對爸媽說髒話嗎？」我問。

「會啊！」他一副理所當然的樣子。

「他們不會生氣，不會糾正你嗎？」我再問。

「幹……糾正什麼？我老爸也是這樣跟我說話，他憑什麼管我？自己都顧不好。」他邊說邊抖腳。

我無言了，倒吸一口涼氣，也因此發現問題所在，他的情緒問題說不定是家長「種」出來的果實。

英國教育專家艾瑪．珍娜（Emma Jenner）曾在《超級英國保母的育兒祕密指南》書中指出：「不要習慣讓孩子以惡劣的態度對你，這是非常嚴重的問題，會對孩子人生的每一個層面產生不良後果。如果孩子連爸媽都不尊重，他還會尊重誰、尊重什麼東西呢？」

註1 社團宗旨在於宣導拒絕菸、毒、酒、檳榔危害，以及預防愛滋病；並辦理各項春暉相關活動，如義賣活動、社會服務、尿液篩檢、文宣比賽、海報宣傳及其他各項宣教措施活動，在王教官努力經營之下，成為全校最大社團。如今該社改名為「紫錐花社」，全國皆然。

註2 步槍舉至胸前呈逆時針方向四十五度，左手握護木，右手握槍托。

註3 先做端槍姿勢，右手沿槍托順滑至槍托底部，旋轉槍面向左，將槍上右肩，彈匣朝外，與身體約呈四十五度（踢正步右肩前挺，槍枝與身體幾呈九十度）。

挖牆角的自己人

我錯了。我真的錯了。我錯誤的以為所有的教職員都和教官立場一致（好傻、好天真），他們能體會到教官是一面高大的城牆，足以為學校抵抗城牆外巨人的進擊（處理意外事件的第一道防線）。然而，令我意外的不是城牆被攻破，而是牆內自己人扯後腿。諷刺的是，這次我選擇站在巨人的角度，冷眼看自己人的無理取鬧。

某日，我在午休時間巡查，經過某科導師辦公室門口時，聽到女老師的怒罵聲，氣氛頗不尋常，於是我好奇的走過去，看到現場還有吳教官與一位男同學。

「老師您好，我是生輔組長[註1]。」我先表明身分，老師桌上名牌寫著蔣○○。

蔣老師將事情經過向我說明，當時下課後，同學陸陸續續離開實驗室。她無意間瞥見地上有紙屑及衛生紙，於是叫距離最近的溫一新撿起來，沒想到他非但不願意，還對著老師罵髒話。

「我沒有罵髒話。」溫一新反駁。

「說謊。你有沒有罵我『肖查某』？我教書教了二十年，沒看過像你這樣的學生，請你撿個垃圾還罵老師。」

「垃圾不是我丟的，為什麼要我撿？」溫一新眼睛瞪著老師，身體微向前傾，站著三七步。

「同學，你先不要講話。」我馬上將同學拉到走廊。

「教官，你不覺得她很機車嗎？垃圾又不是我丟的。」溫生忿忿難平。

「你有罵老師『肖查某』嗎？」我問。

他無所謂的聳肩微笑，保持緘默。辦公室裡還不時傳出蔣老師的埋怨之聲，吳教官持續勸慰著，我告訴蔣老師先將溫一新帶回教官室輔導，再過來找她。

「教出這種學生是臺灣教育的失敗。」蔣老師加強語氣。

溫一新不是我的輔導班，所以我等於是從頭開始認識他。他表示蔣老師在故意找碴，而且還大聲罵他，別人附近也有垃圾卻不必撿，他覺得很不公平。對談過程中，我時而扯到「英雄聯盟」（一款熱門的線上遊戲）、時而問起他社團的趣事，希望能拉近彼此的距離。

然而，不論我如何軟硬兼施，他依舊不願低頭，寧可被記過也不要道歉，空前的沮喪在我腦中盤旋。

隔了幾天，蔣老師又到教官室大肆咆哮，她的手裡揪著一位男同學的制服領口，站在陳教官辦公桌旁。

「教官，他上課玩手機，我糾正他，他還不承認。」蔣老師氣沖沖的敘述。

陳教官面向男同學，「吳銘漢，你上課為什麼玩手機？」

「沒有啊！我只是看一下幾點。」他解釋。

「胡說，我明明聽到收到訊息的聲音，還狡辯。」老師依舊抓著學生領口。

「放手啦！」吳生想要擺脫束縛，「妳抓我幹嘛！」

「我不抓你，你又給我跑掉。」

吳生火冒三丈，準備揮拳。我見狀趕緊靠近，「老師，您放心，他不會跑掉，也不敢跑，先放開他吧！」

「對啊！他跑不掉的。」陳教官加入勸阻。

「教官，你們不要鄉愿喔！」蔣老師總算放手了。

「老師，這件事情我會查清楚，」陳教官說，「您就別跟他計較了。」

「計較？你說我跟他計較？這件事情是他不對，反而是我要檢討囉？我愛計較嗎？」蔣老師面紅耳赤，開始數落陳教官。我趁此空檔趕緊上前將吳銘漢帶離現場，不讓事端擴大。

當我安頓好吳生回到教官室，蔣老師還在，我聽見陳教官說：「這件事我們會處理，絕不會鄉愿，學生犯錯，教官一定會按照校規處理，您放心。」

「放心？每次學生犯錯交給教官，也不知道到底有沒有處罰，私下放了我們也不知道……」蔣老師說。

我打斷蔣老師的發言：「哪個學生犯錯被哪個教官放了？請妳說明一下，有證據我馬上糾正教官，沒證據不能亂說。妳這麼說會打擊教官士氣，我們每天都在處理學生的案子，如果不公平，學生會抗議的。今天事情發生了，我們要思考如何解決問題，而不是製造更多的問題。還有，老師剛剛抓學生的制服領口是很危險的舉動，萬一學生動手打妳怎麼辦？」

「就開除他啊！」蔣老師回答。

「開除是最偷懶的方式，推卸責任，事情還是一樣沒得到解決。今天學生上課用手機不對，但不是用這種抓逃犯的方式來處理……」我氣得青筋暴露。

主任教官過來將我拉開，蔣老師開始大聲斥責我：「你這是什麼態度？」

我沒有再回嘴，離開教官室後我去校園散心。從忠孝樓一樓走到五樓，再從仁愛樓五樓走下來，這是我恢復心平氣和的方法，若時間允許，我會繞到後操場看看有無違反校規的同學，然後再從和平樓一樓走到五樓，最後回到教官室。

我之所以在這兩次師生衝突都當機立斷先帶同學離開現場，就是希望場面不要再惡化，衝突絕不能擴大。雖然我沒有辦法讓溫一新誠心地向導師道歉，至少沒讓他抓狂而出手打老師。其實，請學生撿起垃圾沒有這麼困難。

「同學，可不可以麻煩你將旁邊的垃圾丟到垃圾桶，當成做善事喔！謝謝。」換做是我，我會這麼說，而且面帶微笑。

至於那位被老師揪住制服領口的吳銘漢，我把他帶走後，他隨即向我承認自己上課有玩手機，願意接受處分，只是很不爽蔣老師的態度，說著說著甚至語帶哽咽，要我別通知家長，因為他爸爸患有小兒麻痺，來學校不方便……我於是要他先回教室上課，午休時再來找陳教官報到，並強調絕不要再與蔣老師有任何衝突，他點頭答應我後離開。

其實，蔣老師的重點應該放在導正學生的行為、讓他們改過向善，而不是視他們為仇敵。盛氣凌人難以讓學生信服，更無法讓事情圓滿。她顯然有些情緒失控，才會對學生動手。按校規處分是最省事的方法，但是問題解決了嗎？學生犯錯當然應該罰，但要罰得讓他心服口服就需要技巧了，而不是以大人對小孩、權力不對等的方式逼迫對方，處罰結束後，他依舊不服氣。

學生若回去跟家長說：「老師抓我制服領口。」甚至加油添醋說：「老師抓我脖子！」相信會引起更多的誤會，造成家長與老師的對立，這時反而模糊了焦點，讓學生做壁上觀，冷眼看大人怎麼鬥法，這絕非教育的宗旨。所以，教官、教師、家長應該形成共識，一起導正學生的行為，絕不能打擊彼此的士氣，讓學生看笑話。

親師充電站

身為教官，我有很多機會與老師互相配合來管教學生。學生闖禍、鬧事通常是由教官祭出罰則，其實，不妨將教官與老師看成是校園的搭檔，彼此應該合作無間，才能有效的管理好學生。

有時，家長可能會因為孩子的某種行為而抓狂，此時若採取強硬的權威式管理，很難傳達到孩子的內心深處，一旦他有能力反抗或掙脫，將不會回頭，甚至再也不回家。要說服孩子接受我們的觀念，靠的不是您的歇斯底里，而是智慧。

註1 生活輔導組組長之簡稱，負責管理學生服儀、請假相關事宜，生輔的意思就是輔佐學生校內生活事項，任務繁重，非具有吃苦耐勞、堅毅不拔性格之人類無法勝任，堪稱校園第一苦差事。

聽阿嬤的話

大家對阿嬤的形象多是慈愛、刻苦、可愛的，蕭煌奇寫過一首感人肺腑的〈阿嬤的話〉，日本也有個「佐賀的超級阿嬤」展現其不凡的生存智慧。我還發現一個有趣的現象，臺灣市面上有很多以阿嬤為名的飲食店，諸如阿嬤酸梅湯、阿嬤鐵蛋、阿嬤肉包……以阿公為名的就相對少了，似乎只要想到阿嬤，就會讓人感到安心與溫暖。這次的阿嬤除了上述的特質外，還讓我有些哭笑不得……

早上第三節下課，李姓女老師帶著一位男同學來辦公室找我，他叫楊金順。聽李老師敘述，楊生平常上國文課時就喜歡低頭，不是在書上亂塗鴉，就是拿梳子梳頭髮，糾正好幾次都不聽。

今天他又在梳頭髮，老師要他念課文，沒想到他收起梳子後，竟把書往老師方向砸，罵了一句三字經，然後便離開教室，沒有再回來。

「我哪有罵三字經？我只是說我不想念，然後妳就罵我。」楊生大聲回嘴。

「我罵你？我看你上課的時候梳頭髮，要你把鏡子收起來，不對嗎？」李老師愈說愈氣，聲音大到全辦公室的職員、教官、學生都撇過頭來關注。

「為什麼我不能梳頭髮？」他回嗆。

「我還在上課耶，又沒有幾根頭髮，有什麼好梳的。」李老師雙手叉著腰。

「好，楊金順，你先去會談室等我。」我指了方向，順便向王教官使了眼色，好同事很有默契的帶著他離開。

「我會向導師報告這件事情，然後約談家長了解狀況。」我說。

「約談家長的時候我也要來，最好今天就約談，記得通知我。」李老師說。

「好，沒問題。」我送李老師離開教官室。

楊金順上軍訓課時還蠻守規矩的，雖然沉默但從不惹麻煩，今天不知為何會如此暴走。當我回過頭去會談室找他，王教官已經讓他寫完自述表，裡面的敘述和李老師形容的出入不大。他低著頭坐在沙發上，表情漠然，也沒什麼精神，我看完自述表後告訴他要約談家長。

「幹嘛通知家長？」他瞪大了眼睛，並不服氣。

「你竟然拿書丟老師，還對她罵髒話。」

「哪有？我只是自言自語啊，哪有罵她？」楊金順擺出一副要拚命的氣魄，他的聲音大到連教官室外的人都應該聽到了。

「光憑你拿書扔向老師就不對。」我說。

「處罰就處罰啦！」他起身準備離開。

「我話還沒說完，你去哪裡啊？」

「怎樣？」他皺眉頭，一臉不耐煩。

「如果你要我幫你，就要跟教官合作。」我拍拍他的肩膀。

「『三小』又不是髒話。」

「先不管是不是髒話，老師覺得受辱是事實，知道為什麼我剛才把你跟老師先分開嗎？就是為了怕你又開罵，把事情弄得更複雜，明白嗎？」

楊金順撇過頭沒說話。

「首先，我必須要約談你的家長，」他本來要打斷我說話，但被我的手勢阻止，我接著說，「再來，李老師應該會要求你去道歉。如果以上兩點你都能配合，我就能幫到你！」

他沉默許久，也許在消化我的提議，然後說：「我只有跟阿公、阿嬤住。」

「你的爸爸……或媽媽呢？」

楊金順一陣沉默，眼睛盯著地板。我大概猜到原因，不再追問。

「好，那我就通知你阿公或阿嬤過來，家裡很遠嗎？」

他咬了咬嘴唇，搖頭，隔了一陣子才說：「找阿嬤啦，我阿公不能來。」

「OK，我先請你阿嬤來學校談一談，然後再告訴你下一步該做什麼。你先回教室。」

楊生剛走沒幾步，被我叫住，「上課不要再梳頭髮了，還有，絕對不可以再拿書丟老師，懂嗎？」

他點頭。

楊生的基本資料中，家長欄只寫了一名女子的名字，我猜想這應該就是他阿嬤，我忐忑的撥了電話過去。阿嬤得知消息後很緊張，說她下午會搭公車過來。偏不巧的，楊金順的導師這兩天去校外參加研習，我只好獨自一人約談家長。最後，我和李老師連絡，報告我處理的進度，我表明楊金順沒和父母同住，他阿嬤是監護人，她堅持約談時她也要到場。

「阿嬤妳好，我是黃教官，這位是李老師。」我先介紹一下。

「喔，老書（師）好。」阿嬤對著我說。

「我不是老師，她才是老師，」我指著身旁的李老師，「我是黃教官啦！」

「喔，黃教官你好、老書（師）好。」阿嬤客氣的對我們點點頭。

「今天請阿嬤來是因為金順啦！」我說。

「安內喔！好，等伊蹬來我ㄟ好好教訓伊。」阿嬤說完就起身準備走人。

為了讓讀者能讀得順暢，接下來我將彼此的臺語對話轉換成國語的文詞表達。

「怎麼還沒開始說就要走了？」李老師感到詫異。

「是喔，啊金順是怎樣？」阿嬤又坐下來。

李老師將事情的前因後果鉅細靡遺的陳述了一遍，阿嬤仔細聽著，我一直沒有插嘴，讓李老師暢所欲言，直到阿嬤留下眼淚。看來，該是我打斷她的時候了。

「阿嬤，妳別傷心，」我遞上紙巾，「今天找您來，就是希望阿嬤知道金順在學校的狀況。」

「他這樣的態度實在很沒家教，將來到社會上怎麼辦？今天對我丟書，下次不知道會丟什麼。」李老師砲火依舊猛烈。

阿嬤對著我們鞠躬道歉，她描述楊生爸爸不學好，吃喝嫖賭樣樣來，結婚生下一男一女後還有工作一陣子，但因後來吸毒被關，金順的媽媽就帶著孫女跟人家跑了，金順的爸爸可能還在關，不過她也不是很清楚。李老師看了我一眼，我也不知該如何回應，只能安慰阿嬤不要難過。

「抱歉，老師！」阿嬤對著我說。

「我是黃教官啦！」我提出更正。

「我知道了，回去會好好叫金順聽老師的話，我先回去了，抱歉抱歉。」阿嬤站起身又要走。

「怎麼這麼急？楊金順的事情還沒說完呢！」李老師說。

阿嬤說她四點有事要回去處理。

「現在才兩點多。」我看了一下手錶。

「公車不好搭，怕會來不及。」阿嬤解釋。

「沒關係，我等一下開車載您回去。」我說。

「是喔……」阿嬤又坐了回去。

「金順是不是犯了什麼錯？還是什麼錢沒有繳？」阿嬤無辜的看著我們。

我覺得李老師已經把來龍去脈說得很清楚了，但阿嬤似乎沒掌握到狀況。

「他是不是抽菸被抓到？我有叫他不要學抽菸。這個孫子很沒耐性，每次都嫌我嘮叨，說沒兩句就頂嘴。」阿嬤說著自己想說的話。

「阿嬤，今天請您來是因為金順對老師不禮貌，還罵髒話。」我強調。

「啊，老師對不起啦！」阿嬤又對著我說。我已經放棄抵抗了，要叫我老師就老師吧！

阿嬤接著開始敘述金順爸爸騙了家裡一大筆錢去大陸做生意，後來被朋友坑了之後就不回臺灣了，實在不孝……我和李老師聽得一頭霧水，剛剛不是說金順的爸爸在坐牢嗎？經求證，阿嬤才說她記錯了，金順的爸爸在大陸沒錯，之前講的吸毒那個是她小兒子，我們這才恍然大悟。

「阿嬤，我們會針對金順犯的錯給予處分，但我想家庭教育才是最重要的，如果他態度不好亂丟東西或罵髒話、學抽菸，您一定要糾正他，不要任由他學壞了。」我說。

阿嬤拭著淚，「其實他很乖啦，每天放學回來都會幫我做資源回收，也會餵中風的阿公吃飯，害他都沒有時間寫功課，只怪他的命不好啊！」

「那您有什麼需要學校或我這邊幫忙的嗎？」我問。

「老師，學校補習的錢可不可以下禮拜再交？」阿嬤說的應該是課後輔導費。

「喔，我跟他導師問問看。」我得先明白狀況才能做出承諾。

「因為這禮拜他阿公身體不舒服買了很多東西，所以錢不夠啦！對不起。」阿嬤又向我們鞠躬。

「別擔心。」李老師說。

「感恩喔。」阿嬤握住她的手。我瞄到李老師的眼眶紅紅的。

「我們李老師很熱心的。」我說。

「教官，我要回去幫先生換尿布了，也怕做回收來不及。」阿嬤勉強站起身。

好感動，她終於知道我是教官了！

「我載阿嬤回去好了。」李老師的反應嚇了我一身汗，我這才注意到她的眼睛、鼻頭都是紅的。李老師哽咽著說：「楊金順可以到合作社打工，這樣就不用繳營養午餐的錢。」

「對啊！我來處理。」我說。

由於李老師堅持要送阿嬤回去，我只好成全她。

得知楊生的家庭狀況後，我必須很小心的處理，以免觸動他那條敏感的神經。

當天放學前，我把楊金順找來教官室，將約談阿嬤的事情、李老師的相助，選擇性的告訴他。隔天又費了一番功夫帶他去向李老師道歉，並保證不再犯。我勸他要聽阿嬤的話，力爭上游，也不知道他聽進去沒有。

大概七年後，我開車帶家人從臺北回高雄，途中經過泰安服務區用午餐，無意中發現楊金順就坐我隔壁桌，正和一位小姐聚精會神的談汽車保險的內容，所以我沒有打擾他。隨後，他到外面打電話。我和兒子用完餐後，又在廁所門口遇見他，當時他在廁所外抽菸，彷彿認出我來，但他沒開口相認，反而撇過頭去吐出一口菸，也許在他腦海中正在回想我怎麼有些面熟，我也就在遲疑間與他擦身而過了。

等我開車上國道就後悔了，因為要在外地巧遇學生並非易事，更何況我很想問他阿嬤的近況，也想知道他有沒有聽阿嬤的話，可惜始終沒能說出口……

親師充電站

青春期的孩子常需要時間釐清自己的感受、理解自己的經驗，一位朋友曾對我說過：「針鋒相對與說理，似乎對現狀改善不大，只是讓孩子拒絕溝通與聆聽，我告訴自己，這只是過渡期，是課業壓力與成長期的賀爾蒙影響所致，我用信任與等待陪伴孩子度過這段成長時期。」

這個案例凸顯出隔代教養的問題，同時也是楊金順的弱勢所在，阿嬤年邁，所以講話會有前後不連貫及張冠李戴的情況，楊生會如此沒耐性，應該也是生活經驗所致。青春期的孩子常不知天高地厚，沒有耐性是基本款，往往師長沒說幾句話他們就嫌煩，從楊生數次不想聽我講話而離開就可獲得印證。

陳恆霖教授曾在《Coach父母學》這本書中提到：「青春期階段猶如等待發酵的麵粉，你需要耐心等候最佳的發酵時間，才能做出好麵包來。」楊金順的本質不壞，由於成長背景特殊，再加上隔代教養，自然需要多一份寬容來看待這樣的孩子。

後來，我將該事件轉告導師，並出面幫楊生爭取在合作社打工，以換取免費的營養午餐，如此應該能稍解阿嬤的經濟重擔。

Part 4
危機處理

教官在校園內最重要的任務莫過於處理危機事件，這是必須在高壓下精準完成的工作，沒有彩排的機會。關於危機處理，股神巴菲特提出建議：「做得正確、做得迅速、快速抽身、解決問題。」

我期許自己能像電影《即刻救援》的男主角一樣具有專業的技術、冷靜的思考及迅速的反應，最後順利地解救被綁架的女兒。唯有教官夠專業，才能在校園內外對學生施以即刻救援，把傷害降到最低，讓家長安心。

痴心絕對

在大學，我們不僅是教官，偶爾還需要扮演類似家長的工作。因為學生來自全國各地，若突然發生意外，家長豈能說來就來——何況許多時候孩子根本不願讓家長知道自己發生了什麼事。我甚至曾經處理過學生車禍需要緊急開刀，遠在臺北的家長在電話裡委託我代簽同意書的特殊事件；也協助調解過分別來自內蒙古與印度外籍生的寢室糾紛，兩人因為宗教信仰與生活習慣的摩擦而大打出手，後來在僑外組與我多方協調後才順利和解。接下來的案例牽扯到西班牙、親子關係決裂、生死交關，看似無風無浪，實則波濤洶湧，只要下錯一步棋，就再無回頭機會。

某年五月七日早上八點五十分，成功大學學生輔導組的劉心理師來電，回報有一位中文系的詹敏薰同學離家出走，詹母懇請校方幫忙協尋。

聞訊之後，我立刻撥電話給詹敏薰的楊姓導師，她表示詹生上學期前往美國擔任交換學生時交了一位西班牙籍的男朋友Carlos，今年三月二十五日詹生請假前往西班牙，沒想到男友竟提出分手，她深受打擊，割腕自殺未遂送醫治療，之後便一直在請病假。

任務開始。

我先向總教官、學務長報告該事件，並與劉心理師、楊導師保持連絡。後來我打聽到詹生有一個乾爹住在臺南，循著這條線索查找，總算得知詹生目前在乾爹家。我立刻告知詹母這則好消息，也提醒她考慮一下是否要報警。

但是到了隔天，詹母又告訴我，警方查出她手機發話訊號的位置在臺南市長榮路二段三百〇二號附近。我前往現場探查，發現該處是一棟大廈，於是向警衛表明來意，希望能獲取居民資料，比對看看是否詹生的同學或友人居住在同一棟大樓，警衛表示無法提供相關資料，但會代為詢問，若有訊息會通知我。回到辦公室，校安人員傅先生表示詹生以前是他在北一女當教官時的學生，因此願意主動幫忙。

事不宜遲，趁著課務的空檔，我便與傅先生一同前往詹生賃居處碰碰運氣——即便所有人都認為她不可能在此，我還是決定試試。沒想到傅先生試探性的敲門後，裡面傳出有人應門的聲音。

「誰？」一個女子的聲音。

這實在出乎預料，傅先生與我互望了幾眼，沒想到詹生竟在屋內，當然，她本人的驚訝程度絕不會少於我們。

「敏薰，我是傅安雄，妳還記得我嗎？妳念北一女時的傅教官。」他說。

房間內一陣沉默，換我來試試。

「詹同學，我是黃教官，你們系上的輔導教官……」

「你們不要進來！」詹生還沒等我講完便失控大吼。

「敏薰，我們是來幫妳的，妳可以先開門嗎？」傅先生說。

「你們不要進來……走開……不要逼我喔……」詹生顯然有些激動。

我急忙查看她房間外的設施，就怕她從窗戶或是陽臺遁逃，更怕她出意外；還好我的憂慮是多餘的，她的房門是唯一出口。

「敏薰，」傅先生再次敲門，「有什麼事情好好談，妳先開門。」

又是一陣沉默，這不禁讓我擔心她會不會想不開。我向學務長報告這個狀況，也順便請示下一步行動。學務長囑咐我不要刺激詹生，若要破門而入，須先經過家長的同意。我打電話徵詢詹母的意見，她一開始也是舉棋不定，最後表示若以詹生安全考量，同意校方強行進入房間，但希望不要通知警方到現場，以免事端擴大。這下子換我遲疑了，如果破門而入她情緒失控該如何處理？需要報警送醫嗎？需要女教官協助嗎（過程中恐會有肢體碰觸）？這些都是考驗。傅先生與我當下皆認為不宜破門而入，因為這還牽扯到隱私權的問題。

我通知楊導師與劉心理師，告知目前情形，他們表示會儘快趕到。

等待期間，我與傅先生不敢離開，只能在門外乾著急。然而，不管我們與詹生說什麼，她一概不回應。約莫一小時過後，楊導師抵達現場，她拿出信紙，在上頭寫上個人連絡方式及鼓勵、關心的話語，從門縫遞入房內，而我與傅先生也仿效同一方式，留下了我們的電話號碼。後來，我建議詹母來學校協助處理，她表示有課務走不開，希望學校能安排同學輪流協助關心、看管。

隔天，我再到詹生租屋處，敲門後發現無人回應。無計可施之下，我找到房東並向她說明狀況，在其他女房客的陪同下，由房東打開房間。打開房門前，一切充滿了未知數，我的心臟撲通撲通跳得好厲害……結果發現她人不在房內，有些失望，卻也鬆了一口氣。我連絡詹母告知目前狀況，她表示明日會來校協助處理。

詹母抵達學校後，自述自己與先生離婚多時，詹生的哥哥與先生住在美國，此時我才知道詹母是臺北某大學的教授。她感嘆自己與女兒無法溝通，詹生放假都不願回家，平時也不連絡，說著說著眼眶含淚。她說女兒的自尊心極強，母女關係長期不睦，以前也曾多次離家出走。

「敏薰很認真的與Carlos交往，還介紹給她哥哥認識。」詹母說。

「他們兄妹的感情不錯？」我說。

「很親。」詹母說。

「您反對他們交往嗎？」

詹母欲言又止，我隨即轉換話題，陪她前往詹生租屋處，進去後發現她仍舊不在屋內，但行李箱還在。我們再前往詹生的開戶銀行補登存摺，發現帳戶內尚餘六萬多元，此時，劉心理師來電，表示有同學從詹生的電子信件獲知她向某旅行社訂了往西班牙的長榮航空機票，時間是明晚八點半（已開票），將從桃園機場出發。

詹母擔心女兒到西班牙後會失去理智，表示要先回臺北與親友討論如何因應。我不贊成詹母率領親友在機場攔人，建議她可請詹敏薰信任的一位親友陪同前往西班牙。詹母點頭表達感謝，說會考慮這個提案，結果卻大大出人意料……

隔日，詹生顯然技高一籌，改搭了港龍航空三點二十分的班機前往西班牙，親友團的攔截行動完全撲了空，詹母洩氣的以電話告訴我這個消息。

事已至此，我提出三點建議：1.詹母先至港龍航空櫃臺了解班機抵達西班牙時間。2.請詹生哥哥與Carlos聯繫，誠實告知詹生將前往該處，請他有心理準備，勿做出過於激烈的反應，遇突發狀況時緊急將詹生送醫。3.詹生哥哥可先前往西班牙，協助處理並將她接回臺灣。

詹母感謝我及校方的努力奔走，表示接下來的後續他們可以自己處理。

兩週後，我打電話給詹母關心詹生的狀況，她表示女兒目前在美國醫院住院治療，情緒尚稱穩定，詹母預計下週會來學校幫女兒辦理休學並將衣物、行李取回。

事件到此告一段落，我終於得以卸下重擔。這場令人揪心而忐忑的歷程，讓我從中獲得寶貴的經驗。

此案例充分顯示出教官站在第一線處理事情的無奈，光是要不要破門而入，就需要過人的膽識，因為沒人會願意為我這個決定背書。我自己衝就算了，傅先生是熱心前來幫忙的，不該拖他下水。雖然詹母同意我強行打開房間，萬一詹生因此激動自殘，後果也絕非我所能承擔。同時我也明白，即便是連絡警方到現場，他們大多也不會願意破門的——更何況詹母要我們先不要通知警方，更添難為……

只希望詹生真能調整好自己的心理狀態，重新出發。

九月開學後的某日下午，一位女同學來軍訓室說要找校安人員傅先生，之後便與他有說有笑、打打鬧鬧。女同學離開時，傅先生叫了她的名字：「敏薰，這學期要好好讀啊！不要再休學了。」

「厚，你很機車耶，我知道啦！」女同學回頭笑著說。

這時我才猛然想起，她就是先前讓我們忙得人仰馬翻的詹同學，得知她已經復學，讓我十分寬慰。然而，她卻不知道我是何許人也，也不知道那段時間學務處、教官們為她付出了多少心力。此番的經歷也提醒了我，這世上有很多人在某個角落為我奔波勞碌、鞠躬盡瘁，我卻渾然不知，真該向這些默默付出的人獻上合十感恩。

親師充電站

我之所以積極尋找、輔導詹生，一則是因為她是我的輔導班級，職責所在無法逃避；二則是因為我也有女兒，能夠體會詹母的焦急。雖然我從未見過她（軍訓課是選修），還是希望事情能圓滿解決，不要釀成悲劇。

在《不是孩子不乖，是父母不懂》這本書中，美國精神醫學教授丹尼爾・席格（Daniel Siegel）曾說：「當一個人的心中有未撫平的創傷或失落感，就可能特別難以應付突如其來的轉變，更容易進入低層次路徑狀態。有時候這樣的變化會使人進入僵固迷茫的心理狀態，有時候則會導致激動和暴怒發洩。」我認為當時的詹生可能就是處在被分手的失落感中無法自拔，才會做出此番失序的行為。

從詹母提供的訊息中，我知道她與女兒有相處方面的隔閡。孩子不喜歡回家，背後有許多複雜的原因，或許也有可能是對父母離異的報復，因為上一輩的感情失和很可能會傷害到下一代。

很多家長對於孩子交男女朋友都過於緊張，甚至採取高壓或防堵政策。對於女兒交外國男友這件事，家長要很謹慎的思考該怎麼說或怎麼做，才不會讓女兒覺得自己受到羞辱或侵犯。有時候，家長愈是反對戀情，孩子就愈要故意唱反調。孩子若已成年，還強制他們要這樣或不要那樣，我相信任何一個孩子都會叛逆。

泰山崩於前面不改色

教官這個工作，對我而言有點類似帶團出國的領隊。我必須時時保持機警，處理好旅途中的突發狀況、潤滑團員之間的齟齬、確保旅途順暢愉快，彷彿我是萬能的，沒有我處理不了的問題、突破不了的難關。直到遇到這一次的事件，幾乎讓我因此失去了自信。我顫抖著執行任務，表面上還要裝做若無其事、穩如泰山。

當天深夜，韓世偉教官值一班，我值二班[註1]，一通電話驚醒了我們。

韓教官接了電話後，拿出紙筆問道：「妳先告訴我妳男朋友的姓名、科系、電話，他現在人呢？騎機車、喝酒、往高雄……妳什麼系？電話、姓名給我，妳先嘗試和他連絡，問他到底在哪裡？再打來告訴我。」

我從韓教官口中拼湊著事件的梗概，隨時準備出勤。

掛上電話，韓教官迅速的拿出學生基本資料冊，抄下雙方家長的電話，以備不時之需。

「女同學說他男朋友不想活了，醉醺醺的騎著機車狂飆，可能前往高雄方向。」韓教官說著便把當事人的基本資料寫在紙上交給我，女學生叫陳淑芬。

韓教官說：「她男朋友叫李漢民，是我帶的班。」

幾分鐘後電話鈴響起，我拿起話筒：「我是黃教官，沒關係，妳跟我說也一樣，你男朋友現在人在哪裡？」

「我不知道，」陳生停頓了一下，「我們約好在（臺南）後火車站談判。」

「好，我提醒妳，千萬別跟他提到『談判』兩個字。」

「嗯。」

「那妳要怎麼過去？」

「我男朋友會載我。」

「男朋友？」我不明白。

「喔，」她解釋，「我現在的男朋友會載我去，想自殺的是我前男友。」

「原來如此。」我說，「等一下我們在後火車站的數字鐘下方集合。」

「好！」

我抵達後火車站，看著出站剪票口上方的數字鐘顯示02:58，心涼了半截。約莫五分鐘後女同學來了，她從一位男生的機車後座下車。我迎上前去表明身分，想確定她就是當事者。

「你是陳淑芬？」我問。

「嗯。」她點頭。

「妳男朋友最好先離開這裡，否則，我怕會激怒李漢民。」我走過去，私下對她男友說了幾句話。於是，後火車站就只剩下我和女主角了。

時間緊迫，我立即詢問事情的詳細緣由。她表示李漢民是熱舞社認識的學長，交往一陣子後發覺個性不合，協議分手，但李漢民不死心。今晚她和社員在練舞時，李漢民帶著啤酒突然出現，看到她男友就整個抓狂，又叫又罵還想打人，看到她護著男友的樣子，李漢民因此受不了而鬧著要自殺。她一再跟我強調自己沒有劈腿，實在是個性不合，但她也承認分手這件事沒處理好，讓李漢民存有一絲希望。

我再次提醒她，千萬不要激怒到前男友，也示範了簡單的說話技巧。

「不要提到『你是好人』、『死心』、『自殺』這些字眼，妳只要表達關心就好了，聽他要說什麼。妳自己少說話免得說錯，只要發覺不對勁，妳就趕快跑向我這邊，我來對付他。」我說得輕巧，其實心裡根本沒把握。

「嗯。」陳淑芬做了幾次深呼吸。

臺南的夜沁涼沉寂，兩個原本素不相識的人等待著一個可能會失控的男子，有些尷尬、有些惶恐，即將面臨的狀況無法彩排，只能隨機應變……還好，這種胡思亂想的奢侈沒有多久，一臺機車的呼嘯聲劃破了寧靜。機車的速度極快，聽得出來正在猛催油門。

「是不是他？」我指著。

「是。」她確認後點頭。

機車騎士幾乎快撞到我們，接著用職業車手級的甩尾做為見面禮，一瓶喝過的海尼根啤酒鋁罐扔出、潑灑、墜地，機車未熄火便直接順勢仆街……實在是太有個性了。見了這種狀況，我心中有一股不祥的預感，馬上表明身分。

「同學，我是教官，我不是……」我怕他以為我是陳淑芬的另一個男友。（內心OS：我看起來太年輕，符合被攻擊條件。）

「你別管。」李漢民把我撥開。

「幹嘛，」我立刻挺上前，「你不要動手喔！」

他瞄了我一眼，逕自向女主角逼近，擺出要打人的態勢，衝突一觸即發。

「喂喂喂，」我趕緊擋在陳淑芬前面，「不要動手喔！不要動手喔！」

「教官你走開。」他推了我一把，掉頭走向機車，不知是要熄火還是要拿「傢伙」，只見他拿起海尼根把剩下的酒喝完，捏扁後往地上砸，再次衝向我們。

女主角躲在我後方，雙手緊掐住我的手臂顫抖著，我吼了出來：「你再這樣我們不要談了，教官直接報警，通知你家長。」

「妳為什麼騙我？為什麼？」李漢民雙手握拳喘著氣，愈靠愈近。

「來，有話好好說，先去把車子熄火。」我說。

「妳為什麼要騙我？」他對我說的話充耳不聞，逕自蹲下來抱住頭扯著頭髮。

「我哪有騙你？」陳淑芬說話了。

「你們要談就好好談。」我實在受不了機車的轟鳴聲，雞婆的跑過去扶正他的車子、熄火，再將鑰匙收回我的口袋

「好啦！別這樣。」女主角釋出善意，拍他肩膀，讓他站起來。

「你們慢慢談，教官不聽也不介入，我就在那邊。」我指著二十公尺外的一棵大樹，然後輕聲叮嚀女同學：「有狀況隨時叫我。」

我棲身在大樹旁，緊盯著兩人的互動狀況，在這種談分手的狀況，最怕的就是

一方暴走。我研判，這個男主角應該不會傷害女主角，恐怕連傷害自己都不會。這是直覺，所以我比較放心，才敢讓他們單獨談。

他們聊了很久，雖說是深夜，還是有零星的車輛呼嘯而過，三個人暴露在此，實在不太明智。我觀察到李漢民的態度轉變，起初是雙手交叉在胸前，接著手叉腰，再來背靠著牆壁，此刻兩人已經並肩坐在長椅上。終於，我覺得自己該出馬了。

「同學，」我看著他們，「抱歉打擾一下，我覺得在這邊說話很危險，許多車子經過都會看你們一眼，這樣聊得也不自在。萬一遇上飆車族對我丟汽油彈，教官就要壯烈犧牲了。」

女同學笑了出來，李漢民也揚起嘴角。

「所以呢，」我接著說，「你們去軍訓室聊吧！也讓教官回去休息一下，我不習慣熬夜，覺得好累。」

我的苦肉計奏效，他們同意去軍訓室。

「來，」我把機車鑰匙交給陳淑芬，然後對李漢民說，「我請她把你的車子騎回學校，你跟我用走的去軍訓室，可以嗎？這樣我比較放心。」

他點頭。

我叮嚀女主角說：「騎車回到學校之後，妳就直接去軍訓室，韓教官會在辦公室等你們。」

「好。」她點頭。

抵達軍訓室後，韓教官將李漢民帶到值勤室懇談，我倒了一杯水給陳淑芬，想必她應該覺得口乾舌燥了。接下來，我撥電話給她現任男友，請他先回宿舍待命。

韓教官發揮專業的輔導功力，針對李生的痛苦，軟化他的態度、轉換他的思考、激發他的鬥志、期許他的未來，最後還將女主角叫進值勤室一起談。待三人心平氣和地出來時，天色已經矇矇亮了！

「淑芬，要不要教官送妳回去？」韓教官說。

「不用。」她搖搖手。我就怕這時候她脫口而出：「我男朋友會來接我。」還好她腦袋夠清楚，否則我和韓教官的努力很可能會化為烏有。

「妳到了宿舍，打個電話給我報平安！」韓教官說。

「嗯，謝謝教官，教官再見！」陳淑芬向我們兩人揮手，李漢民也接著離開了軍訓室。

「真是難忘的一夜！」我說。

「是啊！我都快虛脫了，」韓教官揉揉眼睛，「看來也不能補眠了，我第一節就有課。」

這次在軍訓室看到日出，比在阿里山看到的還感動。此次經驗千載難逢，經過惡夜的拼搏最終化險為夷，自然是可貴得多。

一年多後，某屆成大畢業典禮結束，有位男同學捧著一束花獻給韓教官。

「教官，謝謝你那時對我的開導，我今年考上了臺大建築研究所。」男同學對韓教官說。

「哇！這麼厲害，真是太棒了。」韓教官誇獎他，之後兩人到軍訓室門口照相留念。

過了一會兒，韓教官回辦公室，將花放在辦公桌上。

「那個男生是誰？」我問，「這麼懂事。」

「喔，他是李漢民啊！」韓教官說。

「李漢民？」我沒概念。

「去年，你記不記得我們兩個值班，他和女朋友分手要鬧自殺，然後你去後火車站處理……」

「喔……就是他啊！」我想起來了。

「那真是一個難忘的夜晚。」韓教官苦笑。

「他畢業啦？」

「對啊，他還考上臺大的研究所。」

「這麼厲害，真是太神奇了。」我說。

時光荏苒，那晚在後火車站陪他們從三點熬到五點的記憶又翻騰而出。事隔一年多，看到他發憤圖強考上研究所，也著實為他感到驕傲。人生真的很奇妙，果真是柳暗花明又一村。

＼＼＼＼＼＼＼＼

接到陳淑芬電話的當下，我與韓教官掙扎著該不該通知雙方家長及學輔組心理師。當時凌晨兩點多，這個時間恐怕會把家長嚇得半死，吵醒心理師又覺得對他們很不好意思。要不要通知警方？是否通知導師？我們既怕自己的能力不足以應付此等狀況，又擔心通報後會將事情弄得更加複雜。最後，我們倆決定知會派出所員警，請他們在後火車站附近巡邏，若是李漢民有傷人或自殘的意圖，我會馬上通報員警前來處理，其餘的，就視情況再做應變。

說實在的，當時的我異常緊張，不知道李漢民出現時會出什麼怪招，會不會攜帶危險物品？甚至於沒來赴約就已自尋短見？腦中何止有十八套劇本，根本就快要精神錯亂了，畢竟處理這種危機事件根本就沒有失手的空間。

據說曼德拉在一九九四年參加南非首次總統大選期間，某次搭乘飛機欲前往納塔爾省參加競選活動並發表演說，同行的還有他的好友——美國作家斯坦格爾、曼德拉辦公室的工作人員以及隨行記者。不料飛機的引擎在降落前發生故障，必須緊急迫降，所有的機組員及乘客都亂了方寸、焦躁不安，唯有曼德拉鎮定的在看報紙。

當飛機有驚無險的降落後，所有人終於鬆了一口氣。曼德拉一如往常的走出機艙與群眾揮手致意，親切的與支持者合影留念。斯坦格爾覺得不可思議，私下詢問對方，才得知曼德拉的鎮定原來是裝出來的，因為曼德拉身為領袖，不能讓追隨他的人或支持者感到一絲的恐懼，這是他的責任。

我在陳淑芬面前故做鎮靜、胸有成竹，讓她能信賴我，她才會有底氣與對方溝通——因為我是教官，什麼都難不倒，是學生堅實的靠山。

PS.韓世偉教官，男，陸軍上校。辦事認真有原則而不失圓融，個性詼諧具喜感卻不減威儀。琴棋書畫樣樣精通，尤擅長書法。二〇一七年一月一日榮升上校，擔任臺南市聯絡處副督導。

親師充電站

我處理此事的原則是以女同學的安全為第一優先，若發現李漢民有傷害她的意圖，我會請陳淑芬的男朋友火速前來救美。

當李漢民雙手握拳喘著氣說「妳為什麼騙我？」時，我研判他當時的態度已有軟化跡象，至少暫時不會動粗或傷害自己，因此才會同意讓陳淑芬與他對談。

其實，我早已事先請陳淑芬的男友躲在後火車站對面的巷子裡，只要我一通電話，他就會騎車過來載陳淑芬離開現場，由我與李漢民斡旋；若無衝突場面，就請他按兵不動，絕對不要擅自出現在他面前——這便是我暗藏的備案。

我曾在戴晨志先生所著的《勝利總在堅持後》看到一則打敗失戀的故事，非常有創意：

一位阿兵哥在當兵期間遭逢女友提分手，還要求他退回交往期間她所送的照片，讓他想攜械衝出軍營把女友斃了。部隊的輔導長得知此事，便召集其他弟兄蒐集到十多張正妹的照片，讓那位阿兵哥寄給想兵變的女友，阿兵哥在信中寫道：「這些都是喜歡我的女孩，妳是其中一個，請妳找出自己的照片，剩下的寄還給我。」據說該名阿兵哥自此看開，哪怕是虛張聲勢，也足以讓他找回尊嚴與信心。

這個方法很另類，有沒有效見仁見智，但至少在第一時間阻止了阿兵哥攜械逃兵殺人的念頭，讓彼此有路可走。

註1 成大軍訓室值班時段為早上八點至隔日早上八點，一天有兩位教官。一位負責接聽這二十四小時打進來的電話（俗稱大班或一班）；另一位負責外勤，處理車禍、糾紛等（俗稱二班）。

檢舉達人的震撼教育

成功大學的學生人數大約一萬八千人，其中包含大學部、碩士班、博士班、進修部、外籍生、陸生、僑生……校本部由八大校區組成，由於人數眾多，再加上學生往返各校區上課、住宿、活動，教官經常需要處理五花八門的意外事件，隨時準備接招……

某天上午，我接到一位女同學的來電，要我前往東霖派出所處理她與一輛轎車車主發生的糾紛。這位女同學是我輔導班級的學生。

「怎麼了？游蕙娟。」我一抵達派出所就看到了她。

游蕙娟指著身旁一位珠光寶氣的女士：「她說我敲她的車，我只有拍沒有敲，而且是因為她的車停在紅線上又擋住斑馬線，我才會輕輕地拍，希望她把車開走，她就跑過來罵我。」

「同學妳說話要老實喔！」女士不客氣的手叉腰，「我哪有停在斑馬線上？妳讀書讀哪去了……」

「教官我有照相。」游生拿出手機點出她拍的照片。一臺賓士車紅線違規停車，車身有一大半壓在斑馬線上，除了車尾、車頭，連駕駛人的臉都被照了下來。

「嗯。」我表示了解。

「妳憑什麼照我？還照我的車，妳把它刪掉，快刪掉喔，要不然我告妳。」女士伸手想拿手機。

我趕緊擋在兩人之間，「您好，我是成大的黃教官，請問怎麼稱呼您？」

「我姓吳。」她的口氣不友善。

「喔，吳太太您好，我想其中應該有些誤會……」

「誤會？沒有誤會，我兒子也在車上，」吳太太指著身旁一位戴眼鏡的男生，看來約莫二十來歲，「你們這位同學敲我的車，敲了好幾下，我嚇一跳，以為發生了什麼事……」

「我只是輕輕拍，是要提醒車子不能停在斑馬線上，更何況旁邊還是紅線。」游生說得理直氣壯。

我將游生帶到旁邊，提醒她不要衝動，交給我來處理。吳太太則撥打手機給她先生，要他立刻來派出所助陣。

「吳太太，我剛才看了照片，您的車的確停在紅線上。」我說。

「我只是想下車買個東西，停紅線又怎樣？有妨礙到別人嗎？」吳太太說。

「車子也有壓到斑馬線，而且……」我說。

「我哪知道壓到斑馬線？反正她就是不應該敲我的車，我要告她，」吳太太音頻拉高，指著游生，「妳知道我的車多貴嗎？打壞了，妳爸媽賠得起嗎？」

「賓士了不起喔！」游生不服氣，想上前理論。

「謹言慎行。」我對游蕙娟說。

「要告就去告啦！我也沒在怕。」游生還在嗆吳太太，我以手勢擋住她。

「什麼態度？成大教育失敗。」吳太太說。

「她只是要提醒妳車子妨礙行人通行，沒有惡意，希望吳太太您大人大量。」我說。

「什麼大人大量？我只是需要一個道歉，只要她道歉，我可以不追究，」吳太太轉向自己的兒子，「你看到沒有？我就說讀書沒有用，還不是書呆子，去給人家亂照相，以為我好欺負。」

「妳說什麼？」我有些不爽。

吳太太不理我，指著游生，「反正以後上法院打官司也不是我對手，妳有錢請律師嗎？」

「妳不要太過分喔！」游同學走向前，氣到臉紅脖子粗，踩到我的鞋子都沒發現，我馬上把她拉住。

「妳看妳看，心虛了吧！什麼態度，還想耍太妹啊，這裡是警察局，妳趕快跟我道歉。」

「她也沒有什麼錯啊！是妳的車子違規在先。」我說話大聲起來。

「蛤？難道是我的錯嗎？反正你們教官都是會護短的啦！只知道袒護學生，天下烏鴉一般黑！」

聽到這裡，我湧上滿腔怒火，匯聚一股為民除害的義憤填膺。她把我惹毛了。

「妳怎麼知道她是故意在敲打妳的車？她也許在斑馬線上摔一跤，沒想到妳的車剛好違規亂停，她也只好扶一下啊！」我走向前一步。

「教官。」游同學緊張起來，顯然實際情況不是這樣，她又順道踩了我一腳。

我繼續說：「要是交通警察過來，妳至少被罰六百，說不定罰一千二，她拍妳的車算是提醒妳，幫妳不要被開罰單，妳還狗咬呂洞賓！」

「你罵我是狗！」吳太太面紅耳赤。

我懶得解釋呂洞賓的典故，接著說：「今天我是站在大事化小，小事化無的立場來調解，什麼叫做『護短』、『天下烏鴉一般黑』？我最痛恨別人這麼說，好像我是黑道一樣。今天如果妳兒子是成大學生，他發生糾紛我當教官的肯定會在第一時間出現，幫妳兒子處理問題。」

我說完後，值班員警遞了一杯水給我，提供溫馨的關懷。

這時，吳太太的兒子說：「爸爸來了。」

吳太太靠近她先生，指著游蕙娟，「就是這個高材生啦！」

吳先生二話不說，拿起派出所的辦公椅就作勢要砸向游生，我與值班員警立刻把他攔住。

「你不要衝動喔！」我說。

「衝啥！」值班員警對吳先生喝斥，另外兩個備勤員警聽到聲音也靠了過來。

吳先生放下辦公椅面對游生，「是怎樣，為什麼踹我的車？」

傳話的殺傷力真驚人，本來吳太太跟我們說是「敲」，現在竟然變成「踹」了，也不知道吳太太是怎麼跟她先生說的。

我覺得這樣僵持下去也不是辦法，便嘗試心平氣和的為雙方分析利弊。我先請吳先生坐下，一靠近他就聞到濃濃酒味，我輕聲問他是否有喝酒，他眼神開始閃爍，我很訝異警察先生竟然沒注意到。

「吳先生怎麼來的？」我問。

「騎……騎機車。」吳先生說。

我對吳先生比了一個「噓」的手勢，他明白我的意思，沒再開口。

「吳太太，同學她或許不該對妳照相又拍打妳的車，但她是出於提醒的善意，若是惡意的，她把照片寄去交通大隊就好啦，妳就等著吃罰單。這個事情耗了一個多小時，她沒讀到書會被教授罵的，到時候畢不了業會變成社會問題，妳們趕快和解吧！」

此時，吳先生藉故有事要先離開，在他老婆耳邊說了幾句話，我明白他是怕我告發他酒駕。

吳太太堅持：「她不道歉我就要告她。」

「我為什麼要道歉?是妳自己違規在先。」游同學不願退讓。

「吳太太，我該說的都說了，反正妳不願意和解，妳就告吧！然後游同學就把照片寄到交通大隊，大家來個魚死網破；如果妳願意和解，我會建議同學把照片刪掉，大家各讓一步，從此各奔東西，妳覺得呢？」

「不行，我要告她。」吳太太說。

「請便，」我雙手一攤，「我不知道妳要告她什麼？徒手敲打車子？照相未經賓士同意？拜託……她還沒有告妳的賓士車『蹂躪斑馬線』咧！」

一旁的值班員警笑出來，吳太太瞪他一眼。

「教官都像你這麼賤嗎？」吳太太想激怒我。

「彼此彼此。」我才不上當。

「我要告她，也要告你。」吳太太氣到臉紅脖子粗。

我沒有再理會吳太太，詢問游生的課務狀況，她說二十分鐘後有兩堂統計課。

「學生還要上課，我們先離開了，」我對值班員警說，「吳太太要告就告吧，這是她的權利。」

吳太太本來想攔我們，但我強勢的將同學帶走，聽到她在我背後狂罵。

晚上，我打電話到東霖派出所，值班員警說吳太太在我們離開後也很不爽的走了，沒有對我們任何一人提告。

接著，我將游蕙娟找來軍訓室。

「那臺賓士的違規相片呢？」我問。

「我已經寄到交通大隊了。」游生說。

「真的寄啦？」

「要給她一點教訓。」她說。

「不過，妳也要懂得保護自己，拍她的車就算了，還去照人家的臉，這樣就不大好了。萬一車主是黑道流氓，後果將不堪設想。」

「有理走遍天下。」她不以為然。

「還是要小心，如果對方還有什麼動作再告訴我。」我提醒。

「今天謝謝教官花這麼多時間對付那隻瘋狗。」

「不要這樣說別人，小心會被告。下次再遇到有車子擋到斑馬線，偷偷拍下來就好，不要去『踹』人家車子，知道嗎？」我故意學吳先生的口氣。

「我知道啦！」她笑出來。

經此一案，游蕙娟與我建立起濃厚的師生情誼，多年來一直保持連絡。去年，她帶著未婚夫來找我喝下午茶；談到以前與吳太太發生的那件事，她坦承當時太激動，也再次感激我的幫忙。我問她現在還會這麼衝動、這麼有正義感嗎？她笑著挽起未婚夫的手說正義感還在，但不會再那麼衝動了。

突然，游蕙娟好像想到什麼似的，拿出手機點了幾張照片給我看。

「汽車紅線併排停車、騎機車未戴安全帽、汽車佔用機車格，上個月拍到這三張，我都已經寄到交通大隊了。」她說。

我真是嘆為觀止，「妳這份熱忱不去交通大隊工作真是太埋沒了。」

游生咯咯笑著。

「檢舉有獎金嗎？」我問。

「沒有啦！我只是看不慣，」她搔搔頭，「而且，我現在都不會去拍打他們的車子囉！」

下午茶結束後，看她與未婚夫牽著手離開，著實為她找到幸福而開心。

雖然，當初在派出所處理這個糾紛讓我很不愉快，雙方劍拔弩張、互不相讓也讓我頗感無奈，但也體會到——人啊，就是喜歡追究誰對誰錯，眼中只看得到別人的不是。平心而論，吳太太的車子停在紅線區與斑馬線上的確違規，但游生照下吳太太的臉、拍打她的車也有不妥之處。

我比較同情的是吳太太的兒子，他的母親以為有錢就能盛氣凌人，示範錯誤的價值觀，不但汙辱了別人，也降低了自身的格調，吳先生酒駕與暴力相向同樣是做了最壞的示範。我評估，如果當初在派出所當場告發吳先生酒駕，恐怕會節外生枝，萬一他情緒失控，還不知道會對我或游生做出什麼舉動，畢竟，保護同學的安全是教官的基本職責，沒必要將同學置於險境。

親師充電站

我覺得，為他人留情面，也是給自己留情面。吳太太的言語尖酸刻薄，看似佔了上風，其實是非常錯誤的身教；吳先生聽到有人踹他的賓士車，馬上拿著椅子要打人，亦是顯露出對人的不尊重。情緒智商不足，容易誤下判斷而傷人傷己，這些舉動吳太太的兒子都看在眼裡。

第六世達賴喇嘛倉央嘉措曾說過一段富有哲理的話：「我以為別人尊

重我，是因為我很優秀。慢慢的我明白了，別人尊重我，是因為別人很優秀；優秀的人更懂得尊重別人，對人恭敬其實是在莊嚴你自己。」

多年後，看到游蕙娟懂得修正自己的行為，克制自己的衝動，這是很好的進步，期待她將來為人母也會做到合宜的身教。有正義感很好，但也要懂得保護自己，這樣你的正義感才能發揮作用，讓這個社會更好，讓孩子能在一個良善的環境成長，將來為社會做出貢獻。

情逢敵手

周瑜打黃蓋，一個願打一個願挨。男女濃情密意時互贈定情之物，旁人難有插嘴餘地。等到情已逝，單方面的讓步已經不算讓步，所有的討好也不再被領情，徒增對方怨懟而已，然而，被捨棄的一方永遠想不通，為何對方會說不愛就不愛了。

某天值班日，早上十一點多，我接到報案電話。

「教官，有人要打我，你趕快來救我！」電話裡女生呼喊著。

「誰要打妳？妳在哪裡？」我聽了也有些著急。

「我在歷史系辦公室！教官……」

看來事情非同小可，我立即騎著鐵馬前往歷史系，停了車便往辦公室奔去。一打開門，我就隱約猜到發生了什麼事。一個女生站在離辦公室最遠處的牆角，旁邊還有一位男生陪伴著，靠門比較近的是一位年約四十歲、貌似流氓的男子，理著小平頭、面露殺氣。

「同學，怎麼了？我是黃教官。」我立即表明身分。

「教官，這個無賴要打我！」女生指著中年男子說。

「無賴，妳說我是無賴？」中年男子回嗆，然後瞄我一眼，「教官……你教官是不是？」

我點頭。

中年男子拿出手上的小提包，將裡面的東西一股腦的倒在桌上，全都是發票，大約有數十張。

「教官你過來看，」他拿起一張張的發票，「這張是買手機的、這張是買項鍊的、買高跟鞋的、還有還有……這張是買皮包的，你看我幫她買了多少東西。」

「嗯。」我說。

「妳現在給我還回來！」中年男子指著女生大聲咆哮。

女生揚起下巴，不慌不忙的說：「你送我的就是我的！」

此話一出，現場頓時鴉雀無聞。

「你看，這種學生……」中年男子搖頭，似乎在找話講，「沒關係，教官，我要報警。」

「喔，應該的，」我不慌不忙掏出一張名片，「來，這是派出所電話，你知不知道路啊？不知道路我可以跟你講怎麼走。」

中年男子對我的落落大方有些意外，他猶豫了半晌，然後面向女生，「要不然，只要妳跟我道歉，東西就不用還了。」

「我—才—不—要—」女生撇過頭去，「我為什麼要跟你道歉？你送給了我就是我的！」

我出口勸解女同學，但她聽不進去。雙方僵持不下，我問了彼此的姓名，中年男子姓陳，女同學叫江曉涵，一旁的男同學叫吳昭賢，是她男朋友。

溝通無效，陳先生還是決定去派出所報案，他開車載我，女生則和男友騎機車過去。抵達派出所後，陳先生拿了報案單告江曉涵侵佔與詐欺，過程中還不時與她唇槍舌戰。

離開警局後，陳先生送我回學校，一路上他還不停地數落江曉涵的不是，原來他們十月開始交往，聖誕節到香港遊玩，結果一月她就說要分手，他懷疑這是有計畫的詐欺。此外，江曉涵還偷拿他的手機打電話回馬來西亞老家，這筆一萬多元的電話費都沒向她要，批評成大的教育失敗……

我除了點頭還是點頭，還得表現出無限的同情與惋惜，臉上流露出感同身受的凝重——畢竟我人還在他車上，為了生命安全著想，還是別反駁他了。

回到學校，下午兩堂軍訓課結束後，我接到電話。

「喂，黃教官嗎？我是陳先生。」

「陳先生？」我在想是誰。

「就是早上，我開車載你去報案。」

「啊，你好。」

「教官，這樣好了，你跟江曉涵講，我的筆電她一定要還我，其他東西我都不要了，從此一刀兩斷。」

眼看事情有了轉機，我很開心的撥了電話給江曉涵，建議她立即歸還陳先生的筆電，她卻斷然拒絕這個要求。

接下來的過程中，我一直充當兩人的傳話筒，負責居中溝通協調，最後，她或許是被我的誠意感動，表示只要陳先生在他的部落格把罵她的字句刪掉，就會把筆電還給他。

事情有了進展讓我喜出望外，以我付出的努力，應該有機會被提名「諾貝爾和平獎」吧？我立馬撥電話告訴陳先生這個好消息。我對自己的表現沾沾自喜，以為事情至此已圓滿結案，沒想到剛處理完公文，電話又響起。

「教官，我的筆電呢？」陳先生興師問罪。

「筆電？江同學不是說要還你，」我不懂，「她還沒還你嗎？」

「沒有。」

於是，我再次撥電話給江曉涵，詢問為何沒有還筆電？她氣定神閒的表示筆電已經擺在陳先生家對面的停車場，我愣住了。

「請問一下，妳的用意何在？」我問。

「沒有啊，我就不爽啊！」

我很好奇，「萬一筆電掉了？」

「掉了就掉了啊！」她說得雲淡風輕。

這麼經典的答案，讓我覺得自己的時間就這樣被他們揮霍到一點不剩，久久不能回神。我詫異的掛上電話，實在不願再管這件事，無意間看到同事貼在辦公桌旁、星雲大師書寫的春聯「諸事圓滿」，才又改變心意。

「陳先生，江同學說把筆電擺在你家對面的停車場。」我打電話過去。

「屁啦！」陳先生說，「我家對面哪有停車場？」

在那當下，我覺得心靈受創，原本我同情女同學，現在轉變成同情陳先生。我壓抑住情緒撥出電話。

「曉涵，」我想說這樣稱呼會親切一點，「陳先生說他家對面沒有停車場，妳醒了沒有，妳在做夢嗎？」

「教官，你怎麼這樣說？」

「要不然我應該怎麼說？」我本想開罵，但還是忍住了，「妳不說實話，要我怎麼幫妳？」

我們彼此沉默了一炷香之久，她終於開口，「教官，筆電掉了。」

「妳再講一遍。」我說。

「筆電掉了啦！」

我簡直無法置信，忙了半天，竟然……

「妳為什麼不早講咧？」我問。

「沒關係啊，大不了賠他。」

我掛上電話，馬上打給陳先生，告訴他這個噩耗。

「掉了，怎麼可能。XXX！」陳先生飆出他運用純熟的三字經。

「她說要賠你。」

「好啊！那她賠我啊！一萬五，當初買三萬多，這樣她還有賺。」

我把賠款金額告訴江同學。

「一萬五？」江曉涵吼著，「搶劫喔！」

「OK。價錢怎麼樣，你們兩個自己談。」我發現如果我再這樣傳話下去，老天也不會同情我。

「我不要跟他談。」江曉涵說。

「這樣好了，」我看看辦公室時鐘，「現在五點半，我們三個六點鐘約在東霖派出所，到時有警察在，他不敢對妳怎麼樣，大家見面講清楚。」

我在派出所前等了幾分鐘，雙方相繼出現，我總算放下心中的大石頭，帶他們走進派出所。

「你們兩個自己談吧！」我雙手一攤。

派出所裡，雙方一來一往談了許久，總算有了點共識，筆電的賠償從一萬五砍到六千，女人的殺價功力果然不容小覷，令我大開眼界。

「我要分期。」江曉涵突然一記回馬槍。

「蛤？」

「蛤？」

「蛤？」

第一個「蛤」是我，第二個是陳先生，第三個則是值班員警，所有人都覺得她太過分了。

「妳要分期？」我滿腔憤慨即將爆發，「為什麼要分期？」

「我沒有錢。」她說。

「……」我無言。

「好啦，分三期。」陳先生竟然答應了！他雖然看起來粗獷，卻被這個小女子吃得死死的。

既然陳先生沒意見，我當然更無話可說，趕緊向員警拿了和解書，讓兩人儘快完結，以免夜長夢多。

「我要分十二期。」江生得寸進尺。

我真是傻眼，恍然感悟到她比流氓還像流氓。

「妳如果分這麼多期，不就要和這位先生常見面，這樣不好吧！」員警看不下去，在一旁搭腔。

「厚，拜託，什麼時代了，我用轉帳的。」她說。

「好啦！讓妳分十二期。」陳先生妥協了。他委屈求全的情操讓我肅然起敬，果然人不可貌相。

事不宜遲，我迅速遞上和解書與原子筆，讓江曉涵親筆書寫，我幾乎是一字一句的提醒她如何用字遣詞（她是馬來西亞僑生），誰在何時弄丟了誰的筆電、願意以多少錢賠償、共分幾期支付……好不容易寫完，我正欣慰這齣鬧劇終於落幕，沒想到老天還是不願意放過我。

「江曉涵，妳現在只要願意跟我道歉，就連這六千塊我也不要了。」陳先生指著她說。

「我為什麼要跟你道歉！」江曉涵抓狂的將和解書一撕兩半，我的心也跟著破碎，理智瞬時崩解。

「你們搞清楚，今天我從早上十一點多處理到現在七點多。這八個小時，你們給我加班費喔？教官服務到這種程度，你們還用這種態度辦和解，虧你們還是成年人。江同學，這件事情我愛莫能助，自己做的事自己負責！」我非常帥氣的扭頭就走，他們有些詫異，但我實在累了，我也是人啊！

之後兩人怎樣我不知道，我也不想知道。

稍晚，我檢討自己的行為確實衝動了些，於是撥了通電話給江曉涵的姊姊（也在成大就讀）和她的導師，報告事情經過，希望她們能從旁勸導與協助。

兩天後，江曉涵的姊姊寄了一封電子郵件給我，表示江曉涵已經與陳先生私下達成和解，也感激我的協助處理，但當事人卻沒有對我說一句感謝，這毫無疑問地也在我意料之中。

做為教官，幫同學解決疑難雜症是我分內的工作，即便江曉涵的觀念與態度與我不同，也是該做好服務；我之所以願意幫兩人傳話，是因為我認為溝通不能斷，就怕陳先生對女同學動粗，甚至不惜玉石俱焚。

這個案例其實沒有用到什麼輔導技巧，我也不認為輔導會有效果，頂多做到陪伴與服務而已——這也是我唯一能做的。

半年多後，我值班時接獲成大醫院警衛的來電，表示有同學發生車禍送醫，要教官前往處理。我趕到醫院急診室後找到躺在病床上的男同學，他的右膝蓋、右手肘擦傷、肋骨、下巴及臉部挫傷，痛苦的呻吟著，我費了一番功夫才得知他是騎機車載女友與計程車相撞。

他揮手指示方向，要我去關心另一側病床上女友的傷勢，果真是患難見真情；但當我靠近時，該女卻將被子蒙著頭，問她姓名、科系，她也置若罔聞。我不方便掀開被子或觸碰她的身體，於是向警衛詢問，才知道女生叫江曉涵。既然她不願見我，我也不想強求，我只知道載她的男生，並非當初陪在她身邊的吳昭賢。

親師充電站

感情糾紛案件到派出所備案是必要的——尤其當中又扯到金錢往來、禮物贈予，能和平落幕、順利分手是最好，若是男方有意以暴力相向，也會因此有所顧忌，間接保障女方的安全。

孩子離家讀大學，如同放出去的野鳥，他們的交友狀況家長的確是難以掌握，就我的了解，大多數孩子交男女朋友並不想讓家長知道，免得一天到晚被問東問西，甚至於進一步租屋同居也不是新鮮事。若是從小與家長感情疏離的，可能只有缺錢花用時才會主動連絡，平常也不會回家探視父母，大學四年僅有逢年過節才會露面。

因此，我建議家長可以與學校的導師、輔導教官保持聯絡，只要撥電話到系辦公室或教官室就會查詢到相關人的聯絡方式，相信會對您孩子的近況多一分掌握與了解。

Part 5
溝通管理

我同意親職作家彭菊仙在她的著作《管教的勇氣》中的論點：「孩子小時候給他扎根，長大時給他一對翅膀。我們若先給了孩子『翅膀』，他們就習慣自由自在的亂飛了，當他們長大，怎麼可能收回翅膀。」

本章案例都不是校園緊急事件，卻是家長、老師可能會遇到的，也是本書要表達的中心思想。

根據我多年在部隊、校園、家庭的經驗，想做個稱職的家長、老師、教官，建議貫徹以下四大原則：坦誠溝通、剛柔並濟、恩威並施、先嚴後寬。對於青春期孩子的管理會有莫大助益，創造雙贏局面。

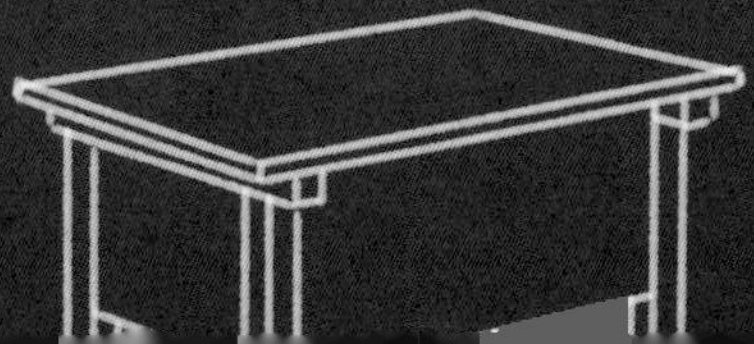

漫畫奇緣

記得念海軍官校某次期中考，考試時間快結束時，後面的同學踢我椅子，要我把數學考卷拉低一點讓他能看到（同學考試前就有拜託我，希望我救他）。天人交戰之際，我側過身，然後拉下考卷，此時卻驚覺我身後有一個人影——是監考官，我頓時飆出一身冷汗。所幸他沒有點破，只是一直站在原地直到時間終了。受此一驚，爾後的求學生涯我再不敢存僥倖之心。幸好監考官當時放我一馬……

某天晚點名後，我臨時前往宿舍清查人數與探視同學的夜讀狀況。依往例會由女大隊長先陪同前往女生的寢室（三到五樓），然後我再獨自前往男生的寢室（一到二樓）。

當我巡到二〇三房時，發現一位楊姓男同學拉開抽屜低著頭，正聚精會神的在翻閱書籍，我走進寢室他還渾然不知。其他室友看到我立即暫停動作，但我手指著嘴唇示意，緩步靠近。楊生將書放在半開半掩的抽屜內，更增添了幾分詭異。

「楊瑞祥。」我說話了。

他急忙將抽屜推回去，驚惶的看著我，一時半刻說不出話來。

「在看什麼？」我再問。

「沒有啊！」

「誠實一點，我都看到了。」我的眼神增添了三分殺氣，其實我也不是很清楚他在看什麼，但從他的反射動作我便知道其中有鬼。

楊生見事跡敗露，只好打開抽屜把書交出來。我翻了幾頁，發現是色情漫畫。

我把他帶到寢室門口。

「這本漫畫我先收著，請你家長來向我拿。」我說。

「可是……」楊生臉色蒼白，「我爸媽不在彰化。」

「為什麼？」

「他們做旅行社的，這個月都在香港。」

「你家還有其他長輩嗎？阿公、阿嬤、叔叔、阿姨？」我問。

「只有我姊姊。」

「姊姊？」我不相信，「她還在念大學吧！」

「她比我大很多（歲），已經在工作了。」他說。

我沉吟一會兒，「好吧，你通知姊姊明天有空過來教官室。」

楊生點點頭。

「青春期的孩子對異性產生興趣是很正常的事，我也不說什麼大道理，你要知道自己不可以做什麼事，而且我覺得太早接觸限制級的感官刺激對你沒有好處。今天我發現了，就必須按校規處理，明白嗎？」我說。

「我知道。」

「你不要跟同學談到這件事，我會幫你保密，現在你在這裡等我。」

「是。」

我回二〇三寢室，要求其他室友不要問楊瑞祥發生了什麼事，更不要揣測或傳播八卦，若是消息走漏就找他們五個人算帳，大嘴巴的人會被我滅口，說到這裡大家都笑了出來，也都明白我的意思。

隔天晚點名後，楊瑞祥陪著他姊姊到教官室來找我。天啊！上天真是太不公平了，楊生滿臉的青春痘，相貌平庸，他姊姊卻是面容姣好、婀娜多姿，水靈的大眼搭配適宜的淡妝顯得美麗無比，我心中揣度著，說不定這位「姊姊」是他租來的。

「教官好。」姊姊先送出一個迷死人的微笑，接著遞了一張名片給我，姓楊沒有錯，從事保險經紀人的工作。

我收下名片後，請他們在會談室入座。他姊姊穿了一套黑色細肩帶連身小洋裝，真是太犯規了，害我差點噴鼻血，但我可是專業的教官，於是很快進入了正題。

「楊小姐，妳弟弟的事情他應該跟妳說過了吧！」我說。

「嗯，」楊小姐點點頭，「大概知道。」

「我會依據校規辦理，但我想處分不是目的，是希望家長能知道孩子在校的狀況，以免形成偏差的價值觀。」

「謝謝教官，」楊小姐看看楊瑞祥，「我只有這個弟弟，教官也知道這個年紀的男孩子對於『那方面』比較好奇，可不可以給他一次機會？」

「楊小姐放心，你弟弟平時表現良好，我不會為難他，等家裡收到獎懲通知單，經過導師同意後就可以申請銷過了。」

「銷過？」

「就是利用『愛校服務』銷掉處分，通常就是打掃廁所、整理環境等工作。」

「喔，所以是可以銷掉的。」楊小姐鬆了一口氣。

「是啊！」

「那我就放心了。」楊小姐撫著她弟弟的頭。之後，我們討論到住宿、升學的問題，時空彷彿轉換到親師座談會一樣。雖然楊小姐還想聊，我還是以時間太晚，怕她回家不安全為由，讓她離開學校，並將暫時保管的漫畫交給她。

懲罰單簽出前，我先向他的導師報告此事，希望他能保密楊生被處分的事由。銷過的部分我則安排他掃廁所、收垃圾，並負責檢查宿舍水電是否關閉。後來，他更是自願幫忙發放住校生的便當，也常自告奮勇在晚自習結束時負責關教室的門窗，這些行為我都看在眼裡。

多年後，我陪同中正高工的學生去參加畢業旅行，集合上車時，我發現楊瑞祥竟然是其中一臺遊覽車的領隊。他忙完點名工作後，便湊了過來，與我閒聊。

他在高雄餐旅大學畢業後就留在高雄的旅行社工作，我問他為何不回彰化的旅行社？他靦腆的說女友是高雄人，想先出來闖一闖，等學得差不多後，再去接爸媽的公司。楊瑞祥特別提到，他的美麗姊姊說我很帥氣又正派，聽得我心花怒放；不知道是不是旅遊業都很會討人歡心，即便他說的是實話，我也不敢太得意忘形。

「教官，你教我的東西在課堂上都學不到。」他語重心長的說。

我有些好奇，他從我這裡學到了什麼？

「給人尊重，也是給自己後路。」他解釋。

「我有說過這句話嗎？」

「這是我自己體會到的，」他小聲說，「以前發生『那件事』，我覺得你處理得夠水準，雖然我被罰但是很服氣，這就是領導的藝術，我有偷偷學。以後我當老闆也要這樣，這樣工作夥伴才會為我賣命。」

「哇塞，你能有這般體會，表示你慧根不淺啊！」我笑了出來。

「我爸媽就應該要跟你多學學。」他跟我握手，然後要了我的聯絡方式，說找時間介紹他女友給我認識，還說要帶我去吃好料。人生的際遇真是奇妙，竟然會因為一本漫畫而牽起這份緣。我必須說，他真適合旅遊業，說的話讓人聽起來就是舒服。

他讓我想起多年前放我一馬的監考官，雖然我再也沒遇見他，卻非常感念他當時的「不殺之恩」。

親師充電站

青春期的孩子對異性產生好奇是很正常的，家長和老師應該學習如何疏導而不是防堵，畢竟好奇心是很難遏制的。時代已不同，這是十多年前的案例，當時手機與網路尚未發達，色情漫畫還有生存空間，如今只要上網搜尋，孩子想看裸露的圖片或影片根本無從防範。色情網站更是防不勝防，這是我認為比較棘手的問題，因為國內外的色情網站常有變態與下流的影片、圖片、留言，對於未成年的孩子會形成誤導或不良示範，容易造成他們思想或觀念的偏差。

關於孩子流連色情網站的問題，「中華青少年純潔運動協會」提出了幾項建議，我摘述如下：

1. 事先與孩子約法三章，明文規定孩子的上網時段、每天可上網的時間長度等。
2. 將電腦放置在家裡的公共區域內，或者是父母的臥室內，增加孩子上網的困難度；也可以在父母房間內裝設控制網路或電腦電源的開關，定時關機。

3. 於家中電腦及網路裝設色情防護機制，如「色情守門員」服務。若家中電腦安裝附有防火牆的防毒軟體，也可以達到部分防範的效果。

4. 家長要以身作則，不要在電腦中留下任何不適合孩子之連結路徑，例如IE的「我的最愛」、NETSCAPE的「書籤」等等；也要定期清理網路暫存檔。

5. 萬一孩子出現嚴重的色情網站沉迷現象，可以向專業輔導人員請教，尋求協助。

至於上述的第二點，我的應對之策是晚上睡覺前將網路的分享器插頭拔掉，收到寢室的櫃子裡。因為這是家中唯一可供上網的來源，所以孩子就算比我晚睡也無法動任何歪腦筋，這項措施事前都有與孩子溝通過，他們也都明白規矩進而遵守規定。

其實，回想我們青春期的迷惘，就能對孩子的行為多些諒解了，家長若發現孩子觀看色情圖片或影片，切莫疾言厲色的指責甚至拳腳相向，若是把孩子逼到流連網咖或翹家，情況只會更糟。家長應該把握這個機會教育，誠懇而坦誠地跟孩子們討論，讓他們能感受到父母的尊重與了解，只要您的態度是健康的，我相信孩子大多能接受。

剛柔並濟

民國八十二年，我在掃雷艦服役。過年前，我拿著請假單到艦長室準備請年假，這是全艦官士兵都有的福利，艦長接過我的假單後在請假日期的地方幫我修改。

「艦長，為什麼？」我不明白。

「這半年來你很努力也很辛苦，多給你兩天假。」

「可是……」

「就這樣，有事情我擔著，回家多陪陪父母。」

這個舉動為平時不苟言笑、剛毅幹練的艦長增添了許多情義，溫暖著我的心，讓我久久無法忘懷。

我在溪湖高中負責管理住校生的生活起居，有點類似舍監的性質。然而，他們不是來讀軍校，動作當然達不到我的標準，我花了許多時間才適應一般高中生的行為模式，譬如：幹部整理隊伍時慢吞吞、在我宣佈事情時有人會竊竊私語或是東張西望、有人遲到被我糾正馬上就淚眼婆娑、有人乾脆直接蹲下來（肚子疼）……真是罄竹難書。

每天與同學互動最多的莫過於早、晚點名。早點名比較棘手，首先面臨的是賴床的問題，連我這個職業軍人都不愛早起了，更何況是這些孩子。為了遏止賴床歪風，我特別宣佈：無故不參加早點名者，第一次會被記點，並接受我的嘮叨；第二次通知家長；第三次就會被退宿。遲到的同學會被罰跑操場一圈。不過，這些人只是少數，問題並不嚴重。

我覺得比較嚴重的是許多同學不愛運動（或活動），我規定週一、三、五早點名後跳健康操，週二、四跑操場一圈。大多數的人跳健康操時有氣無力、敷衍了事，只有帶操的人聲音響亮，我為此發了幾頓脾氣，情況才稍有起色，但往往沒過多久又故態復萌了。

後來我改變策略，由男生中隊長出來帶伏地挺身，我也以身作則跟著一起做。只見男生們興致盎然的聽口令起伏，沒有人在偷懶。

「不能做的就別做啊！教官不勉強你，」我故意這麼說，「這種事情讓真正的男人來做就好了，你不會做就站在旁邊看。」

此話一出，幾乎所有男同學都會想當「男人」，沒有一個人想偷懶逃避。

「不要逞強喔！累了就自己站起來。」我提醒著。

果然如我所料，所有人都撐完三十個伏地挺身，我內心暗自偷笑。還有許多壯丁會多做幾下，就怕他的女粉絲失望。

至於女同學，則是做拍手功三百下，一則促進血液循環，二則提神醒腦，三則有點像是為男同學們做伏地挺身而鼓掌。如此良性循環下，同學們都達到了活動的效果，比起跳健康操還容易讓人流汗。

此外，許多女同學視週二、週四的跑操場為畏途，總是想方設法的逃避。阿珠說月事來肚子疼、阿花說腳扭到不能動、阿春說頭昏想吐、阿美說新買的球鞋不合腳……經過多次的衝突、溝通、修正，最後我要求凡是不能跑操場的同學必須「走操場」一圈。

於是，這些走的人勢必會比跑的慢許多，看著別人都跑完回宿舍盥洗、休息，她們自然會去衡量其中利弊了。當然了，我不會強迫受傷的同學走操場，但會要求她們留在集合場，等所有人都跑回到宿舍後才能解散。

晚點名則是我與住校生互動的最佳管道，許多的規定與注意事項都能藉由此時傳達。相較於早點名，我其實比較喜歡晚點名，因為此時沒有睡眼惺忪的臉、沒有不靈活的肢體，取而代之的是彼此分享這一天在學校發生的趣聞瑣事，還能共享燦爛夜星的浪漫，與我讀軍校時的晚點名氛圍截然不同，所以我非常珍惜。

某天晚點名後，兩個女同學走了過來。

「教官，我剛剛下樓梯的時候跌倒。」其中一位身材嬌小的女同學指著自己的膝蓋，痛苦的跛行過來。

「好，妳來教官室，我拿醫務箱幫妳擦藥。」我走了兩步，隨即改變心意，「不用，妳在宿舍一樓的交誼廳等我，我回去把醫務箱拿過來，妳先坐在沙發上不要移動。」

女同學點頭答應。

待我幫她膝蓋消毒、擦藥後，告訴她明天早點名時一樣要參加，但是我可以容忍她慢慢下樓。女同學連忙稱謝，也點頭表示了解。

此外，我認為除了管理同學的紀律，也該付出關懷，適時噓寒問暖。曾經有一位陳姓女同學在晚點名後告訴我她最近便祕，問我有沒有訣竅可以順利排便。為了回報她把我當麻吉，我告訴她要多吃青菜水果、常喝水，並叮嚀她隔天上教室前拿一個大碗來找我領取五穀米稀飯，我平常都吃這當早餐，所以排便順暢，她原本害羞想推辭，但在我的堅持下還是來拿了一次。

有了這次的靈感，我想要鼓勵宿舍的幹部，於是邀請大隊長張凱萍、中隊長張郁莉、羅友慶來吃我幫他們精心準備的早餐。我還跑去超商採購了吐司、小黃瓜、鮪魚罐頭、起司片、美乃滋，興致勃勃地準備大展身手。由於怕隔天早上太趕，我決定當晚先將三明治做好，再用保鮮膜包好後放進冰箱，等待著明天他們讚嘆的神情與狗腿的阿諛。

然而，當他們早點名後來到教官室領取早餐時，事情大條了，三明治整個「塌陷崩壞」，變得冷冷的、癟癟的、濕濕的，我懷疑可能是美乃滋把小黃瓜擠出了水來，氣氛真是尷尬到極點。幹部們不忍心摧殘我的好意，還是將三明治吞下肚，不帶有絲毫的抱怨，溪湖高中的孩子果然人情味十足。

這次慘痛教訓讓我再也不敢邀請同學來吃早餐，也認知到有時候做善事要做到好才算數，否則只會帶給別人困擾；不過我的心意不假，他們定能體會。正如同掃雷艦艦長多給我兩天年假，即便他平日治軍嚴謹，我也常遭受責難，但他的鼓勵肯定會讓我在工作表現上更賣力。

我覺得，真正的幸福是大家依據遊戲規則運作，何時該起床、該集合、該請假……按照規定處理就能盡量避免教官與同學之間的戰爭，即便規則嚴格，只要公平，大家都沒話說。有時候，我也會說一些早起的好處或者是小故事激勵他們，要能夠有效管理，必須先讓同學不討厭你——能夠喜歡你當然更好，如此在領導統御時才能事半功倍。

親師充電站

管理住校生是一種挑戰，每天都會有不同的新鮮事來考驗你如何應變，也是學習管教的絕佳機會。當家長遇到教養孩子的問題時，應該好好想一想對孩子的期望是什麼，然後再把規則寫下來，例如：吃飯時不能看電視、何時該寫功課、上床睡覺、自己整理書包、早上幾點必須離開家去上學……給他們一個可以依循的規範，既能學習自律，又能減輕家長的困擾，不但提醒孩子也提醒自己。規則要寫得明確清楚，不要模稜兩可，接下來就是確實執行。

若是遇到無理取鬧或挑戰規則的孩子該如何處理？我的經驗告訴我兩項最重要的原則：

1. 保持冷靜。
2. 溫柔而堅定。

關於第二項，我舉個例子，我女兒有假性近視，醫生叮嚀要注意燈光明亮度，所以在家裡時我不准女兒拿書進廁所看，怕會增加度數。某天，老婆在浴室的小板凳下面發現一本早已被浸濕的書，這本書是女兒在圖書館借的。等女兒放學回家後，她承認書是自己藏的，因為知道我們不同意她上廁所時看書，所以塞在小板凳下，結果卻放到忘記。我雖然生氣，但還是平靜地與她溝通。

「書是圖書館借來的，晚上我帶妳去還書，請妳自己跟館員說該如何處理，賠的錢由妳的零用錢支付。而且，妳違反規定在廁所看書，我還要扣妳半年的零用錢，用來繳眼科的掛號費。」

「嗯！」女兒雖然不甘願，但也只能接受。

「接下來一個星期也不能上網、看電視，這些我都會寫下來夾在桌墊下。」我說。

「我知道。」

三天後，女兒依規定念美語雜誌的文章給我聽並完成翻譯，態度十分認真。之後，我去浴室泡澡時她來敲門。

「爸爸，我功課寫完了，英文也背完了，可不可以讓我上一下臉書。」女兒露出楚楚可憐的神情。

「我知道妳今天有努力，也很想讓妳上網，但是妳必須遵守約定，到下星期二以前不得上網。」我說。

「可是……」女兒淚眼汪汪。

「沒辦法，妳去看看桌墊下的規定。」我搖搖頭。女兒很乖，只是失望地離開，沒有多說什麼。這就是所謂的「溫柔而堅定」，當孩子在試探規定時，家長要把握原則，但不要抓狂指責他想混水摸魚，因為人在抓狂時，容易失去理智、做出錯誤決定，對事情完全沒有助益。

美國親子教育專家愛德華・朗寇（Edward Runkel）在《管脾氣不要管小孩》這本書中提到：「做出虛晃的威脅、向抱怨讓步、為了拯救孩子免於自食惡果而做妥協，並非建立長遠關係之道。這只不過是一條通往貶低你在孩子眼中以及在你自己眼中的地位之路。所以，用盡全力守護並發展你的自尊、自重吧，孩子長大成人之後將會感謝你的。」

恩威並施

大詩人杜甫的《前出塞》寫道：「挽弓當挽強，用箭當用長。射人先射馬，擒賊先擒王。殺人亦有限，列國自有疆。苟能制侵陵，豈在多殺傷。」這首詩提醒我做事必須抓重點，達到目標後就要適可而止，不要將人逼得狗急跳牆。

每週三是中正高工全校升旗的日子，各處室會利用這個時機宣導很多攸關個人權益的重要訊息，所以我把它視為重要集會，每次上軍訓課時，我都會灌輸同學這個觀念，全校升旗絕不是愛來不來的扮家家酒，更不可以有「參加的是笨蛋，溜掉的是好漢」這種錯誤的價值觀。

某天，機三忠全班只有個位數的同學參加升旗，我覺得十分錯愕，導師發現了不對勁，雙眼通紅但沒多說什麼，升旗結束後不發一語的離開。

「為什麼這麼少人？」我問班長，他只是無奈的望著我。

於是，我拿起點名簿一一勾記點名，以免有漏網之魚，並告訴班長所有未到的同學於第一節下課到教官室找我。該班的導師是出了名的有愛心，常會請班上同學吃東西、喝飲料，對於學習不認真或犯錯的同學都會很有耐心的開導，甚至於我午休巡堂，她還會幫同學「把風」，提醒教官來了。

第一節下課，班長帶著該班的同學來教官室找我，有的人姍姍來遲，一臉無所謂，也有人顯得不耐煩，更有人還在打打鬧鬧。

「全部站好。」我飆出獅子吼，「來這裡逛街啊！」我以臭臉凶目一一掃視這些未參加升旗的同學。

他們有些嚇到，學務處也頓時安靜了下來。

「還在亂動！」我看來像是吃了炸藥，由於人數眾多擠得辦公室水洩不通，我將他們引導至會談室。

「我念一遍，聽到名字的答『有』。楊奇勳、陳益霖……」我將升旗未到的同學一一點名，總共二十三位，「有沒有理由？趕快講，否則每人先記一支警告。」

何川民舉手，一副不以為然的模樣，「我今天遲到。」

「遲到怎麼樣？」我說。

「我才第二次，所以……」何川民想解釋，尚未說完我隨即會意過來。校規規定三次遲到記一支警告，所以有些人會鑽漏洞，眼見來不及升旗了，乾脆蓄意遲到，這樣比較「划算」——因為升旗無故未到就可記一支警告。

何川民是機三忠的「頭」，素有地下班長之稱，許多同學都以他馬首是瞻。所以，只要制伏他，事情便簡單了。

「等一下你留下來，我會打電話問你爸媽：為什麼今天你會遲到？到底幾點鐘出門的。」我將他名字打上記號，「誰還有理由？」

「教官，我拉肚子。」蔣宇漢說。

「拉肚子，這麼巧？你有跟班長報告過嗎？」我問。

「沒有。」

「拉了多久？」

「嗯……」

「你上完廁所為什麼不來參加升旗？」

「因為已經結束了。」他解釋。

「還有沒有？」我不予理會，看看其他同學。

「教官。」吳宜鳴舉手。

「怎樣？」我問。

「我早餐沒吃完，所以不方便下去升旗。」

他一說完，有幾個同學噗哧一聲笑了出來，但我還是一臉嚴肅，瞪著這些笑出來的同學。

「你不會吃快一點？」我問。

「我的胃不好，醫生說要細嚼慢嚥。」

「升旗回來再吃不行嗎？」

「我上次就是這樣，結果第一節課老師不讓我吃。」

「那你應該早一點起床、早一點吃。」我說。

「我來不及。」

「來不及？」我依舊怒目以對，然後再問其他同學，「還有沒有？」

「教官，我今天早上身體不舒服。」鄭麗娟說。

「有沒有去看醫生？」我問。

「那麼早還沒開。」

「今天放學後去看病，明天拿藥單與收據給我看。」

「好。」鄭麗娟點頭。

「還有沒有？」我盯著同學們，確定沒問題了，「誰告訴你們可以不參加升旗的？不要以為三年級了就開始散漫！我一再強調升旗的重要性，從一年級講到現在，聽不懂嗎？教官怎麼對你們的，自己摸摸良心。我最喜歡你們這一班，上課的互動也最好，結果呢？竟然用這種表現回報我。更可惡的是你們把導師弄哭了，忘恩負義。」我狂吼著。

鐘聲響起，該做結語了，我拿出事先寫好的便條紙。

「注意聽以下三個重點：1.下週三升旗時，這些無故未到者再未到，小過一次。2.我會撥電話給未到同學的家長，了解原因。3.整個學期我都會盯著這件事，直到你們畢業。聽清楚沒有？」

「聽清楚了。」

「等到下一節下課，請班長帶著你們去向導師道歉，到時候一個人都不能少。」我說。

我將「約法三章」多影印一份，用膠帶貼在點名簿上，「班長升旗前一天在班上提醒同學，不要說你不知道，沒聽到是你的問題，後果自行負責。」

同學離開後，我趕緊補充水分，準備去汽三忠上課，轉換心情與面部表情，不要把剛才的情緒帶給下一班無辜的同學。

隔天上該班軍訓課，我把獎懲單拿在手上。

「剛剛導師來找我為你們說情，」我稍微停頓一下，「升旗無故未到者的警告單我先壓著，若是累犯，我就直接記小過。」

我承認自己處理這個案例有些霸道，但若什麼都按規矩來辦事，這些孩子是不會警惕的。其實，對學生一昧的客氣或忍讓，並不代表你的修養好，更不能保證他們會知恩圖報，相反的，有些同學不知輕重、恣意胡為，就是料定了你拿他們沒辦法。生氣不難，難的是將這股氣有條有理的抒發出來，讓對方知道你是玩真的，而不是鬧情緒而已。在必要的時候無法狠心、果斷、用計，只想當一個好人，恐怕無法勝任教官的工作。

多年後，該班的同學來高雄的漢神百貨金石堂書店參加我第一本書——《青春不如煙》的簽書發表會。有同學提到那次的升旗未到事件，班長說他從來沒看過我發這麼大的脾氣，有些被罵的同學私下罵我很機車，我坦然接受，聳聳肩沒有回應；另一位則說還好我有管，要不然班上同學只會更加無法無天。果然，無論我如何做都有人會用不同的角度解讀，無所謂啦！但若當時鄉愿不處理，我可沒辦法原諒自己。

親師充電站

康德（Immanuel Kant）曾說：「對孩子的要求，如果沒有充分的理由加以拒絕，就應該給予滿足；如果有不答應這種要求的理由，那就不允許他耍賴。一旦拒絕，就不要改變。」

那張獎懲單，其實是我去找老師報告處理的情形，一如所料的，她說學生不是故意的，要我取消懲罰，我只答應老師暫時擱置處罰做為籌碼。接下來幾週升旗，一直到畢業前，該班偶有零星遲到，但絕大多數的學生都正常的出席升旗典禮。我將學生當成自己的孩子，當然不能放任、寵溺他們。

此外，我不會衝動的制定一個難以執行的罰則，這樣等於拿石頭砸自己的腳。若是我規定班上同學每次升旗都不能有人未到，否則全班中午到走廊罰站，這就有些過當了。規矩制定得太嚴苛並不會顯現你有多大的權力與氣概，反而會讓自己進退維谷，這一原則是我時時謹記在心的。

在《我家青少年是外星人》這本書當中，英國親職專家沙拉．紐頓（Sarah Newton）對家長提出管教上的建議：「擬定家中的界限並約法三章後，伴隨自然結果產生的罰則或補救方法可以促進學習，教會孩子什麼是責任。例如：他不來和你一起用餐，他的飯菜自然會變冷，補救辦法是他必須自己加熱飯菜；他不把衣服放進洗衣籃，衣服自然就不會洗到，只能穿髒衣服就是他的罰則，補救方法就是他必須自己洗衣服。」

訂好規則，先嚴後寬

在軍校與軍隊打滾多年，我逐漸明白了一個道理，那就是「先嚴後寬」。先將醜話講在前面，並不會令人害臊，反而能讓你省卻很多麻煩，無論是帶兵、帶學生、帶孩子都適用。若是反過來，將會後患無窮、徒增困擾。

溪湖高中規定住校生晚餐必須在校吃便當，供餐廠商都是由我在負責協調、溝通。許多男同學嫌便當飯量不夠，女同學則覺得菜色變化太少而且太油、太鹹，我也常與廠商研究如何改善便當的菜色、烹調方式。於是廠商每餐都會多附一大包白飯讓男同學吃得飽，配菜也以健康為訴求，少油少鹽。

某天晚上，兩位女同學來向我反應便當的問題。

「教官，便當很難吃耶！而且太油了。」身材嬌小的女同學說。

「嗯，我已經向廠商反應過了，妳還是覺得太油嗎？」

「教官，我可以自己出去買晚餐嗎？我媽要我吃素。」戴眼鏡的女同學說。

填寫。

「可以啊，妳的寢室號碼幾號？我通知經理幫妳做素的。」我拿出登記表準備

「不是啦！這家的菜很少，味道又不好，我想出去買。」

「好，妳把媽媽手機號碼給我，我和她連絡。」我說。

「不用，等一下我媽會過來，到時再跟教官說。」戴眼鏡的女同學說。

「呃……」我點點頭。她的媽媽果然在半小時後抵達教官室，名片上面寫著某某精舍的志工團總幹事。

接下來，這位總幹事開始為我分析素食與葷食的差異、殺生的危害、素食的養生概念……等等，一直說到拯救人類要從吃素開始，甚至為我解說釋迦牟尼佛的成長史，說得生動而有說服力。我是個平凡人，抗拒不了美食誘惑，要我吃素還是有點為難，但我答應她會要求廠商改善便當的品質，若是廠商的素食未達標準，我同意她女兒外出用餐，總幹事也點頭同意。還好後來廠商的素食做得不錯，她女兒沒有再提出外出買晚餐的要求。

某天，便當管理人張郁莉跟我反映，最近愈來愈多同學假藉外出或其他莫名其妙的理由退便當，然後偷偷買了炸雞、泡麵躲到籃球場或寢室享用，還慫恿其他同學

仿傚，似乎議論著我很好講話。當下，我覺得非常惱火，覺得自己怎麼如此無能，竟讓住校生有機會鑽漏洞，於是我打算在晚點名時狠狠地發飆，試圖挽回面子，不讓教官的尊嚴掃地。

我拿出筆記本，記下要宣佈的事項。漸漸的，我靜下心來，反省這件事情我也有責任，是我沒有先把「醜話」說清楚，才會讓同學覺得有機可乘。我決定晚點名時不要開罵，而是誠懇地解釋學校的立場，然後出了一張公告，請幹部貼在公佈欄，內容簡明扼要：

1. 爾後同學若要退訂便當，需於前一日到教官室填寫申請表，教官會撥電話與家長聯繫確認。
2. 若是當天臨時退訂便當，請在早上第二節下課前到教官室找我，教官同樣會與家長聯繫確認，否則一律不接受退訂便當，以免造成便當管理人的不便。
3. 便當一律於晚自習教室享用，並確實做好分類及廚餘回收。

規則訂下後，要求退訂便當的人數幾乎降到零。另一方面，我也找了另一家便當供應商，溝通價格、菜色，做為提升便當品質的參考，讓原來的廠商知道他們有競爭者，這樣可做為制衡與談判的籌碼，畢竟這攸關孩子的健康、父母的血汗錢，馬虎不得。

這個事件讓我學習到，在盛怒下說出來的話可能會傷人，效果也不見得好，學生即使「懾於權威」，卻未必心服。我在書寫規則的過程中不自覺的消化了情緒，筆與紙的接觸情境讓自己的思考更縝密，讓憤怒造成的激動情緒舒緩不少。所以用公告的方式可以與學生保持距離，又能夠清楚表達我的要求，只要規則合情合理，根本不怕會得罪同學。

「言出必行」是管理者的基本款，這樣才能讓所有人知道你說到做到。

親師充電站

親子教育專家伊莉莎白・潘特莉（Elizabeth Pantley）在她所著《用對方法，教出懂事小孩》中提到：「孩子因不守規則而受到管教時總會爭辯一番，讓孩子事先知道後果，可以減少這種爭執。先前白紙黑字寫下的規則就是『老大』，誰也不能不認帳。由規則本身當『黑臉』，也可以避免父母老是在當『壞人』。」

剛接手管理宿舍時，真是有些手忙腳亂。教官為學生服務，有時就像是一場無人觀賞的球賽，但我認為只要上場，不管有無觀眾，都要全力以赴。路遙知馬力，只要時時用心為學生著想，他們終會明白教官是幫手，不是敵人。就像家長教養青春期的孩子，只要秉持原則、訂好規矩、耐心等候，孩子終能體會父母的辛勞。

我家給兩個孩子訂規則時，也習慣用紙筆記下來，兒子星期幾可以打籃球、何時可以上網；女兒幾點必須就寢、何時要收看美語節目……一來他們無法賴帳，再者也可以提醒自己規則是什麼，若是違反規定又該如何處置。家長若是隨興所至的處罰或標準不一，將會讓孩子們無所適從。

結語

教官與學生就好比是棒球比賽中的投手與打擊者，投手面對打擊者是需要戰術的，不見得都是投好球（好言相勸、無怨無悔），有時候要用壞球（心理戰）來騙打擊者揮棒，獲得三振（水落石出），來贏得比賽（結案）。

家長應該嘗試扮演好投手的角色，孩子充其量只是個捕手，要接住您投過來的球，雙方先溝通好是投快速球還是變化球，這樣投起來順手、接起來順暢，才會皆大歡喜。我不會天真的以為，露出迷人笑容就能解決孩子的疑難雜症，而是需要像變色龍般的轉換策略，平常像朋友、有時當警察、偶爾扮天使。

我想，應該沒有人會為了沒用到車上的安全氣囊而感到惋惜吧？教官就像安全氣囊，做為人（學生）與車（家長、老師）之間的緩衝，一定要等到車與人之間出現了猛烈撞擊，氣囊才會派上用場。

感謝

感謝故事中這些在我擔任軍訓教官生涯中不尋常的「訪客」，是他們給我機會得以付出勞力心血，讓我覺得被需要。

我也要感謝柿子文化的總編林許文二先生的賞識，否則這本書絕對不可能出版。若非當初我毛遂自薦與主編高煜婷小姐聯絡投稿事宜，也不會有之後愉快而獲益匪淺的編修互動。

柿子文化扮演這本書的伯樂，使得書中的故事能與讀者相遇，是他們優秀的出版團隊讓我的書更完整。謹此致謝！

給教官「比心」

♥「軍訓教官」——一個夕陽職業、一個高中職學生畢業後總會有點回憶的師長角色。而除了嚴肅、抓違規、上打靶（實彈射擊）外，其實教官很多時候在學生心中是傾聽者、校園生活陪伴者、發生問題時的協助者。很開心正智學長這本新書問世，讓大家可以藉由此書「從心」認識教官、回憶教官。

張志信中校教官

♥溪湖高中校園的每一個角落，至今還存留著小太陽服務隊的熱情，小太陽是我生命中最精彩的篇章，至今仍難以忘懷。在協助正智教官草創小太陽的時期，是艱辛的、甜蜜的，更是永生難忘的。而今事過境遷、人事已非，提筆試圖勾勒出小太陽發熱的故事，不假思索下的第一筆，就是教官對事的積極、對人的和善、對物的安排，以及對每一細節的仔細認真，至今仍是我生命中學習的對象，也是小太陽的精神指標。對於教官無私的奉獻，除了深感敬佩，更是由衷感謝，謝謝您曾經帶給我們的歡笑與鼓勵，更感謝您和我們一起走過生命中最重要的時刻。

游明亮

♥二〇〇〇年至二〇〇二年，我在高中時認識了教官，他常穿著筆挺、亮白的海軍制服，雄赳赳、氣昂昂的指正同學的缺失，好不耀眼——但就是喜歡說些不知所云的笑話。像某天我為了住宿便當事務去教官室，我問他：「教官今天下雨，大家的晚餐怎麼還沒來呀？」教官回：「俺—不—來—了。」正當大家面面相覷時，他又徐徐地說：「因為便當店要拿雨傘啊，um-b-re-lla。」他就是這麼一位在高中生懵懵懂懂似大人又非大人時，能用寓教於樂的方式、充滿同理心及莫名幽默感，去處理學生狗屁倒灶大小雜事的教官。也是因為教官心思細膩、童心未泯，所以才能寫出篇篇笑中帶淚、淚中再帶笑的青春紀事。很期待黃教官繼《青春不如煙》之後再推出的這本新作品，說他是「青春達人」也不為過啊！

張郁莉

♥依稀還記得約七年前，在學校遇到教官總是開心的叫：「教官好。」您總是會很有精神且加上微笑回應著每一位同學，遇到我時偶爾會停下繁忙的腳步，問問我的近況。當年的我年幼不懂得想，以為世界重心就是那段不被祝福的感情，也因為那段感情，我和男友被班上一些同學排擠，導致願意與我來往的朋友所剩不多——那段期間真的很煎熬且憂鬱。讓我印象最深的就是您細心的發現我的異常，請我到教官室詳談，您溫柔的講述使我敞開心房，很感謝您願意聽完我對那段感情累積的痛苦及想法，您並沒有像其他人一樣完全否定我對愛情的執著，反而耐心的給了我許多的建議，讓我反覆思考並且勇敢放下不適合自己的感情。謝謝您當時對我付出的一切，讓我的世界從黑白慢慢轉為光明，言語已經無法表達我對您的感激，在我心中，您永遠都是我最敬重的教官。謝謝您！

張涵墨

我十七歲的生日，沒有與家人一起度過。那年住在高中宿舍擔任大隊長一職，當天晚點名後教官把我叫到教官室，當時以為晚點名的人數出錯，內心忐忑不安……但令人驚喜的生日蛋糕與一群好友的埋伏祝福，讓我感動不已。現場的一位學長送我的生日禮物是「一年後的約定」，他與我約定好專心讀書，一年後高中畢業再正式交往；在這一年中，已經畢業的他與我之間書信往返，教官室就是我們的信件傳送地址，教官則是信差。多年後，學長成為我的老公，所以不要懷疑，教官就是這段良緣的紅娘呢！此外，我的同學小杜是個活潑開朗、個性樂觀的人，只要有教官與小杜在的地方就能歡笑不斷，我們幾個同學常喜歡拿著住宿的便當到教官室找教官吃飯，邊吃邊聊邊看著侯佩岑播報新聞，每天此時就是高中生涯最開心的時光了！

突然有一天小杜失去了笑容，原來是她國中導師病逝讓她鬱鬱寡歡；教官得知後要我們主動關心她，對她晚自習時偶爾趴在桌上若有所思也會睜隻眼閉隻眼，甚至她要請假外出也會特別通融，雖然教官沒有太多的言語安慰，但貼心的舉動讓小杜知道自己的哀傷是可以被允許、被同理的。過了一陣子，小杜又如往常開心拿著便當到教官室吃飯。教官的輔導、管理長才讓我上了一課，很榮幸認識您！

張凱萍

♥還記得高三那一年還處在血氣方剛的時期，因為同學與外校的人為了外面的女生而起衝突，想當然爾雙方各自號召了數十臺機車準備出來談判，當時黃教官一聽聞此事，馬上單槍匹馬衝到校外的早餐店，出面與雙方協調，也讓懵懂無知的我們上了一課，知道打架並不能解決問題，這對日後的我們影響至深。幾個當事人於統測後也毅然決然報考了軍校，很感謝黃教官您這一路來的扶持，若沒您的細心教導，我們這群別人眼裡的壞小孩永遠也不懂得反省與改過。

陳昱志

♥能在高一住宿時就認識到黃教官，真的是三生有幸！剛發現學長們跟教官像哥兒們似的時，我非常疑惑，教官怎麼跟想像中的不一樣？開始跟黃教官打交道後才發現，教官能文能武、彈了一手好吉他、說一口好英文，非常詼諧有趣，根本是神般的教官啊！開始上軍訓課時，我還非常扼腕自己怎麼不是男生，無法上到教官的課，所幸還能去教官室跟教官聊天。教官字字珠璣，真的讓我把他當偶像般崇拜呢！教官常保正面積極的態度，更在高中生涯中激勵了我們不少。

洪富珊

♥相較於大多數您的學生，我是來自夜校的孩子，那時的我從休學、重讀又休學，三年過去了，來到了人生中第三所高職的進修部就讀。十八歲的我，心就像海上的浮萍漂啊漂的，對未來感到十分徬徨，總覺得過一天算一天。轉學到中正高工的那年，教官身為資訊科的班導，一週兩堂的班會讓我們班上三十幾個學生聚在一起，撇除學校規定的例行公事外，就是教官跟我們「聊聊」的時候了，您不說什麼大道理，就是偶爾跟我們談談現在的規劃、未來的理想，而後不帶批評的給我們一些建議。一年後，我下定決心該為人生找個目標，經過一年水深火熱的苦讀，我考上了位於北部的大學護理系就讀，去年六月我順利畢業，於北部某教學醫院加護病房擔任護理師。時間過得好快，我已不記得當時教官說了哪些故事，但如果少了您不時蜻蜓點水般的提點，也許不會有現在的我，感謝黃教官。

陳倚涵

♥回想起高中點滴，住宿生活總是讓人會心一笑，教官老是以嚴肅表情講出詼諧風趣的話語，成功拉近與學生們的距離，尤其我負責管理住校生的便當，所以與教官的互動特別多。有次我過生日，教官跟同學聯合起來整我，說我住校生便當數量點錯還是什麼的……讓我有點傻眼而啼笑皆非，是最特別的生日經驗。後來再回母校，雖然已不見黃教官的往日身影，總依稀想起學務處裡，我們一起吃便當看大嘴鳥卡通的歲月。感謝教官當時的教誨與愛護！

蔡宜廷

♥高二時因為學長們的推舉，我當上了宿舍幹部，和黃教官開始有了交集，原本多少對師長、教官有些距離，沒想到黃教官親和力十足，跟我對軍人的印象不太一樣。教官的充分授權與信任，讓我們這些宿舍幹部在處理事務時能不畏險阻的執行管理之責；他適時出手協助我們想出替代方案，更讓我受益良多。高中生活印象最深的，當然是阿亮學長主辦的宿舍耶誕活動，教官不僅參與幕後規劃，更親自下海表演，他精彩的吉他自彈自唱獲得我們熱烈的回響，人氣居高不下！

王宏益

♥之前在臉書和教官聊天才驚覺，我們相識已經有十年這麼久了。當初認識教官是在大學的軍訓課堂上，他幽默風趣的上課方式讓枯燥無味的軍訓課充滿趣味，令人期待。後來在教官室打工，發現了教官私底下依然風趣搞笑。和您相處沒有一絲壓力，也因此和您寫的小說結緣，幫忙將手稿輸入電腦，常常邊打字邊閱讀，邊偷笑邊期待著下一篇，哈哈……嚴格說來我是第一號讀者呢，真開心！

宋蕙君

♥黃教官，就是那位當年在我高中待了一年多，突然調去成功大學、讓我哭得亂七八糟的教官（哈哈）。教官幫我處理過很多問題，他每次都超有耐心和仔細的傾聽我的煩惱。有一次，在上教官指導的社團活動中，我跟男友竟為了「以後結婚，要不要跟男方父母一起住」而大吵，教官看到我們倆眉頭深鎖、眼神互殺就知道發生了什麼事，但教官不但沒有取笑我們的爭吵內容，反而勸導我們先暫時離開現場，再輪流開導我們。現在每次把這樁醜事告訴我朋友，幾乎每個人都會抱著肚子大笑，我就說：「喂，沒禮貌，當時我真的為這問題很煩惱，黃教官哪像你們這樣沒心沒肺，他可是很認真的幫我們解決問題耶！」這就是我跟我最喜歡的黃教官之間的小故事，他就是那麼善解人意並極度發揮身為教職人員該有的耐心、誠心去傾聽每位同學的煩惱，並適時給予良好建議的教官！

洪怡芳

♥那年，我在高中擔任升旗典禮大隊長，初登板時正值炎夏，眼睛、臉頰早被汗水「鹽漬」，揹值星無法擦汗，真是痛苦難耐啊！不知何時，黃教官悄悄飄來，掏出面紙幫我擦汗水，說了聲「加油啊」後又悄悄飄走。寂寞男孩們最期待您的軍訓課，笑話讓人笑到歪歪的，踢正步夠經典；住宿時您值星早點名後，晨操會帶男生做「有男子氣概」的伏地挺身，還有超狂的「火鳥」，都難以忘懷。我目前在偏鄉學校服務，對學生伸出援手時，總秉持著多一份鼓勵、關懷來教導、協助學生，因為一直將您讓人感念的面紙回憶延續至今，黃教官Thank you！

巫思賢

♥還未升上高職時，我對「教官」兩個字很陌生，感覺上就是很嚴厲的人，但事實剛好相反，遇到黃教官的第一印象就是超幽默的啊！什麼梗都有，對那時還是學生的我們來說，隨口幾個小小的笑話就能逗得大家哈哈大笑，所以得知教官帶到我們班時，真的覺得好幸運，總是會期待上黃教官的軍訓課！事實上，上課的內容不是重點，重點是課程中的笑話，我當時好像是這樣想的，哈哈……很快的一個學期就過了。其中最令我印象深刻的是，當教官發現我在談戀愛，擔心我受騙，急著問我對方是哪個科的、幾年級、怎麼樣的人，還問說：「長得有我帥嗎？」然後又補了一句：「長得沒我帥，是不能交的喔！」真讓我哭笑不得。此後教官與我打招呼的方式變成：「分了沒有？」我知道他在開玩笑，所以也笑笑的回應。在學期快結束前，得知下學期教官要退伍而不再帶班，我驚訝又難過，私下跑去問教官，他說：「主要是不想錯過孩子任何一個成長的階段。」如今回想往事，能同時照料家庭、做自己想做的工作、寫小說、練練吉他，偶爾還回到校園演講，這些也是完美人生的一部分！教官勇敢選擇自己人生的路，真的很令人欽佩喔！

陳淨緣

♥曾經覺得「教官」只是個既陌生又遙遠的名詞，也以為自己會在臺下默默度過高中三年。沒想到一腳踏入溪高宿舍，不僅對「教官」一詞有了全新認識，也因為當上宿舍幹部站上臺，讓我有意想不到的衝擊與收穫。當宿舍幹部不難，但每天有很多細瑣的事要處理，常常得跟幾個幹部們去找管理宿舍的黃教官討論。對他的第一印象是：哇！這教官也太認真了，偶爾晚餐吃便當還會看CNN英語新聞來充實自己。他平易近人又帶點威嚴，話好像不多但又字字精闢，幾次相處後更發現，即使有數不清的人事物等著教官去處理，教官永遠是那麼神采飛揚，不會因為忙碌而隨意對待他人，善用他一貫的幽默與人相處，這著實讓自以為被宿舍事務纏身的我上了一課！原來忙碌中也可以放鬆自己，好的態度可以決定自身高度，這也讓我微調了心態，更從容自在地面對放學後的宿舍生活。最後，感謝教官常一語點醒夢中人，讓宿舍幹部會議很有效率也很愉快的進行，整個宿舍也順利的運作，我們更是不斷學習不斷進步，我的高中三年住宿生活在教官的帶領之下增添許多很棒的回憶！

林怡君

♥在溪高第一次看到教官，心裡的ＯＳ是：「天啊！怎麼會有這麼帥氣耀眼、這麼白馬王子般的軍服！那個白，閃到每個人的目光，還有那直到不行的線條……」注意，是衣服，不是人！

然而，最後留在我腦海裡的卻不是軍服，而是站在臺上唱作俱佳，用自己改編的歌詞讓我們認識愛滋病防制的教官——黃正智。

徐婉禎

♥以前對學校教官的印象就是威嚴和難以親近，但是自從上過黃教官的課之後才發現，原來教官也是有好人（咦），教官上課那幽默又帶嚴肅的搞笑，讓我對軍訓課大大的改觀，尤其是巧妙結合歷史與軍事的生動教學堪稱一絕。另外，由於我本身住學校宿舍的關係，和教官的互動更是大增，後來有幸能當上宿舍管理幹部幫教官處理一些事務，更發現教官私底下的另一面——根本就是搞笑藝人來的，那時就在想，教官不走演藝圈真是太可惜了。有趣的事實在是說不完，當然除了搞笑，我也從教官處理事情的技巧上學習到很多，所以在這裡我要謝謝教官為我的高中生涯帶來了不同凡響的一頁。

吳定隆

♥在青澀的高中生涯裡，黃教，黃教，黃教，總是常掛在我們的嘴邊，最難忘那年高三的住宿生活裡，有一次長了好大顆的針眼，大顆到眼睛都快看不到，晚上的住宿生活，交通又不是那麼方便，於是找了教官求救，教官那時二話不說就開車載我去看眼科（還有另一位女同學陪同）。記得當時溪湖附近真的很偏僻，就連眼科診所也是看來黑黑暗暗的，眼科醫生說我的針眼太大，需要用針把它挖出來，我聽到都快嚇死了，當場淚流不止。我忘不了教官說著笑話順便鼓勵我要勇敢，眼睛處理完後，教官還帶我們去賣場買飲料隨便挑，那時真的很感謝教官，給了住宿生滿滿的愛心，有種家人陪伴在身邊的感覺。那一年的住宿生活有教官的陪伴，真的讓我們覺得很溫馨、很溫暖、很難忘！

張儷齡

♥人生中會遇到幾個很有話題的人，要是那個人還是你的「高中教官」，會不會覺得人生很奇妙？早在大家說自己是板橋彭于晏、彰化侯佩岑的十四年前，我們就已經在教官室互稱溪高梁朝偉、溪高蔡依林了呢！跟我們走在時代尖端、亦師亦友的，也只能是黃正智教官了。

杜蓁庭

♥當年就讀中正高工時，黃教官是我一、二年級的輔導教官，記得剛入學時看到任何教官都覺得很恐怖，總覺得他們是來找碴的，沒想到第一節軍訓課，他就很輕鬆、親切的跟我們講他的過去，例如帶班過往和部隊生活，讓我聽到津津有味，雖然現在我已經不記得詳細內容，但聽故事的開心和親切感依舊存在。記得第一次做基本教練，我總是同手同腳，但黃教官仍耐心地指導我，所以教官退休時，我很難過，因為不知道下一個教官會不會跟他一樣好。相處一段時間，分離自然會不捨，但每個人都有自己的路，最後我只想跟教官說：「謝謝您曾用心帶過我。」

陳玠光

♥在高三為了學業衝刺而住進了學校宿舍，除了一群好姊妹一起努力奮鬥，還有一位讓我們可以暫時忘卻升學壓力的教官。有一次我們幾個同學去教官室，說黃教官看起來好嚴肅，教官卻回說他可是「溪高梁朝偉」，要大家知福惜福，讓我們頓時錯愕、爆笑不已！在每天結束學校課程前往宿舍之前，我們總是喜歡先打打籃球，紓解一天的疲憊，有時教官也會一同參與，甚至和我們來個投籃大賽，打球之際教官也不忘關心我們的學業。幾次的談話後，教官幽默的說話方式讓我們不再那麼畏懼，甚至常常捧腹大笑。在學校裡，教官就像父親一樣，一方面對我們的生活要求規律、課業嚴格督促，另一方面也因擔心我們餓肚子給予特別的通融，記得在晚自習結束後向教官要求外出買宵夜時，教官一臉疑惑的擔心我們是不是沒吃飽，雖然叮嚀我們吃宵夜對身體不好，早點睡精神飽滿比較重要，但還是會答應我們任性的要求，看到我們買了泡麵也不忘語重心長的說：「別吃太多不營養的食物啊！」在課業壓力大的時期，很感謝能遇到一位亦師亦友的幽默教官，讓我們深深感受到他對我們的用心，為高中生活增添許多繽紛色彩。以下節錄幾段與黃教官的對話：

（要去晚自習路上）

生：「教官好！」

教官：「同學，妳走路一跛一跛的，怎麼了？」

生：「欣蓉走路時，腳掉進水溝洞擦傷破皮了。」

教官：「什麼！怎麼會這樣，水溝洞還好嗎？」
生：「哇哈哈哈哈！」
教官：「下課來教官室，教官幫妳擦藥。」
（晚自習結束買宵夜）
生：「教官，我們肚子餓了，可以出去買宵夜嗎？」
教官：「晚餐沒吃飽？可以訂兩個便當喔！」
生：「一定是讀書太認真了，我們想出去買麵包吃。」
教官：「最好啦，早點回來，教官在教官室等妳們。」
結果，我們三〇七美少女手上拿著很多泡麵和一點點麵包回教官室銷假。
教官：「不是說買麵包？泡麵要少吃！」
生：「教官要來一碗嗎？」
教官：「加蛋，謝謝！開玩笑的。」

蕭雅華

♥認識正智教官是在大學時期軍訓課，至今記憶猶新的是教官上的《孫子兵法》，運用實際發生的狀況或劇情來讓我們了解孫子兵法如何應用，搭配教官幽默風趣的口才，非常好吸收喔！除此之外，教官也常跟我們說輔導學生的經驗談，讓我們同時也可以思考當自己遇到這樣的狀況，要如何去面對，教官溫暖的同理心和貼近人的溝通方式，讓需要幫助的人可以真的被支持和引領。其實學生在面對老師時，都有一種上對下的權威感，可能會擔心自己說出想法會不會被指責、會不會被通報家人，因此更不敢去尋求協助，然而，我們卻能夠信任黃教官。期待教官這本書收錄的內容能帶給親子間、師生間更多溝通思考，祝福銷量長紅！

蔡曼嫻

♥永遠記得那一年，我來到溪湖高中這個美麗的校園，並且住進了溪高宿舍，認識了一群不平凡的朋友，還有幽默風趣的小黃教官（私底下我們都這麼叫），這段回憶在我的求學生涯中特別深刻！記得初次在宿舍集合時聽完教官的發言，就覺得「天啊！這個教官好有趣」，也因而對往後的住宿生活充滿期待，讓我們這些國中畢業後就離家生活的新生們沖淡了思鄉情愁，也減少團體生活的緊張感！後來我當上宿舍幹部，和教官有了更多的互動。他對於學生們任何大小事件總是能圓滑的處理，又不失師生間的和氣，而且私底下發現教官超上進，自學英文且文采豐富，讓為了考試而讀書的我深深自嘆不如。至今仍印象深刻的是在宿舍小太陽服務隊舉辦的活動中，教官自彈自唱自己創作的一首歌，每次站在臺上總是有無限的舞臺魅力。謝謝教官的支持，讓小太陽服務隊可以一次又一次的舉辦活動，讓我們彼此連結情誼，至今仍是常常聯絡的一群朋友，回憶起我的高中生活，雖然忙碌卻充實開心，期待教官的新書發表會讓我們一群好夥伴再次相聚！

林佩珊

♥親愛的黃教官：沒想到，時間快到這麼不像話，轉眼從溪湖高中畢業也已十四個年頭，回想當初，您真的是我見過最逗趣、最棒的教官。記得那時您要離開學校，我還真依依不捨的紅了眼眶，您那「剛中帶威、威中帶柔、柔中帶慈」的教官爸爸角色，相信是帶給我們這群正值叛逆、活動力十足的孩子相當重要的肯定、鼓勵以及態度養成之關鍵！真的很謝謝您，因為有您，才有現在的我。

薛名宏

♥宿舍晚點名時，我們一群高一新生在臺下嘰嘰喳喳的熱烈討論：「喂，你看那個教官，長得有點像梁朝偉耶！」「安靜！」黃教官中氣十足地宣布基本的住宿生活作息及要求後解散。我心裡想著：「這明星臉教官似乎很嚴肅？」但又看到一群學長姊圍著教官聊天，一來一往好不熱鬧！「是明星臉吸引人還是幽默風趣呢？」原來兩者皆是。一次，宿舍早點名晨跑時，我肚子痛到臉色發白、無法行走，教官立刻開車載我（以及陪我去的室友）到醫院掛急診。醫師診斷後說是宿便太多導致腹痛，另外有輕微的脊椎側彎。身為青春洋溢的女高中生，當下只有尷尬與沉默。這時候，教官若無其事跟我室友說：「回去有人問，就說是脊椎側彎，其他的就不用說了。」天啊！原來您不是明星臉教官，是上帝派來的天使，挽救我青春少女的顏面，不然高中生活就要背著「便祕少女」的綽號過三年了。感謝您，有您真好！

李委美

♥很多理念都是那時候您教我的，每次只要週六下午返校做愛校服務，你都會問一下：「庚義怎麼啦，又看見你了呀！好好加油喔！」本來沒有什麼感覺，後來指考將至，老實說銷過的時間已經讓我沒有念書的時間了，只記得教官問我：「有想要念的學校嗎？有把握嗎？」我回答：「當然想念臺大，但是有世新、東海我就覺得很滿足了！」你告訴我：「那就好好去念書！」簽了名後要我到許偉志老師那裡打掃辦公室，然後完成清潔工作讓老師盯著我念書。時至今日，您的那種為自己負責，還有一顆上進心的概念，也讓我用這樣的方式教育孩子。

李庚義

♥我高一那年，臺灣社會的氣氛充滿政治對立，國家認同感低落，還記得我天真的隨口問了教官一個問題：「教官，要怎麼讓我們國家團結啊？」教官看著我，笑笑地說：「就舉辦國際棒球賽啊，這樣就會大團結，不分黨派了。」現今回憶起來，還真的是有中華隊出賽時，就能引起臺灣民眾團結為臺灣加油的情懷呢！我住宿後，印象最深刻的是，有一次國際棒球賽開打，黃教官特許大家在晚自習後就寢前的空檔，可以留在宿舍大廳為中華隊加油，那時客廳擠滿了住宿生，大家圍繞著一個不算太大的老電視為中華隊打氣，不愛看棒球比賽的我，第一次感受到為國家隊加油的熱血與團結一致的力量。我知道我並不是真的愛看球賽，只是喜歡和大家一起為臺灣加油的感覺。謝謝教官當年的特許。

洪子琪

♥黃教一點都不傳統，怎麼說呢？很少有教官能自稱自己是梁朝偉，但又名符其實到讓人心服口服的，每當在小太陽舉辦的宿舍聯歡活動中，教官會應觀眾要求帶著吉他自彈自唱，展現帥氣的一面，晚會就會瞬間變成粉絲見面會；也很少有教官能把無聊的軍訓課，編排到生動活潑反應熱烈，讓女生們也很想一起聽課（當時男女軍訓課分開上，黃教只教男生班）。住校期間，每日的早操與跑操場，教官也不會缺席，另外怕這一群嗷嗷待哺的住校生餓到，更是緊盯著便當的分量、菜色及運送狀況，可說是一位親力親為很替學生著想的生活導師。打破傳統的窠臼，黃教充滿智慧與小幽默的教學，以及帶人也帶心的特色，讓身為學生的我受益良多。

梁維芳

♥我動筆的這幾天冷氣團一波波來襲，讓我想起了高中住校的時候，晚點名時就會看見一身黑色軍服的帥氣教官站在人群前講話，每三兩天就不厭其煩的提醒各位同學天氣要變冷了！除了睡覺要蓋棉被，衣服要穿暖，還說：「早上起床時最好像教官一樣圍條圍巾，因為後頸有六個穴位，暖和了就不容易著涼。」教官的關心真是無微不至，到現在每次穿起外套時總會想起教官那段話，住校期間感謝有您的各項提醒，讓每個住校生都平安健康！

沈信宇

♥某天，學姊在找晚上工讀的住校生，傻呼呼的我什麼都不懂的就舉手報名，沒想到是被分到教官室，什麼？教官室？教官室！我有沒有聽錯？教官不是都凶巴巴，應該要避而遠之嗎？我膽戰心驚的等著學姊把我介紹給教官認識。這時，一位穿著海軍制服的教官走來，我的心跳就像看到彭于晏一樣小鹿亂撞，教官問著我的名字。「教官好，我叫蕭晏妮。」我說。「什麼？討—厭—你—，這個名字實在太有創意。」我真的被教官的回答給嚇昏了，旁邊的學姊們則一臉淡定，應該是已經習慣了黃教的表達方式。就這樣漸漸的在學務處裡工讀著，熟悉了傳說中的溪高梁朝偉教官，一位看起來嚴肅但不平凡、學生們敬愛但又無距離感的教官。他似乎有求必應，舉凡女同學被學長騷擾、晚餐便當沒吃到、英文學不會……教官都有辦法幫你解決。我的高中生活真的不一樣，顯然是大受黃教的影響，最後我要說，當您的得力助手，真是與有榮焉。

蕭晏妮

♥我高中住校時，黃教是管理宿舍的負責人。對於教官最讓我印象深刻的莫過於才藝，住宿生晚會中教官唱陳奕迅的〈K歌之王〉，至今想起還是令人陶醉。後來，教官調職到成功大學，記得當時住宿生們都依依不捨，還邀請教官找時間回學校宿舍補辦歡送晚會。多年後，感謝網路的發達，讓我無意間能夠發現教官的蹤跡，看著教官記錄下在溪高與我們的共同回憶，以及與不同學生的點點滴滴，我腦海中再次將時光拉回那小大人時期。這些故事裡面，或許有著你、我或身邊的人的影子，帶領著離開那青澀時期已久的我們，重新回味。

陳婕濘

♥從高一遇到教官已經過了十三年，都足以再從國小讀到高中一次了（笑），其中兩件較為深刻的事，可以說明教官的幽默風趣與信守承諾。第一件是教官課堂分享的學姊的故事：有一次，教官在樓梯口看到學姊正在哭泣，於是上前詢問，這才知道因為她開刀所以對天氣變化特別敏感，於是教官便安慰她可以當氣象主播，讓學姊破涕為笑，而後也不忘飛奔上樓找學姊同班同學幫忙，陪她上樓。

第二件是教官在第六屆學長姊畢業典禮特地回學校來看學長姊，只為了當初課堂上的承諾——因為當時他已經調到成功大學服務，而我們高二生正常上課，在休息時間看到身穿白色大禮服的教官，簡直是閃閃發光，學長姊紛紛找教官合照，由此可知教官在大家心目中的分量以及多麼受到喜愛。

溫鈜宇

♥哈囉！不老男神教官，還記得當年晚自習後最喜歡跑去找你心靈開導的三〇七小丫頭嗎？

謝謝您讓我們曾經與梁朝偉這麼接近（哈），教官從不會說冠冕堂皇的大道理，卻會用詼諧的聊天方式讓我們不迷失，還會泡茶給我們喝（超感動），謝謝正智教官帶給我們正向的智慧，學生時期有您真好！

黃姵榕

♥猶記得大二因故到教官室叨擾（騷擾？）後，第三個認識的就是正智教官，一路走來就是很搞笑的人物，每次在校園遇到都會被逗到快中風，畢業後加了臉書才又發現他睿智的一面。之前一直知道教官有寫作，沒想到竟然還出了書（第一本《青春不如煙》，現在要邁入第二本作品了），但是我還是不會忘記畢業那年在圖書館與教官巧遇的那一幕。教官問：「妳以後想做什麼呢？」我說：「教官，我要考公務員。」教官頓了一下，接著說：「不要考了，妳比較適合當演員。」還好我有考上（莫非這是激將法）！總之，恭喜黃教官，希望還有第三本、第四本作品……下次不要放文字，改放我的照片吧！嘻……

陳麗雯

♥黃教官總能以輕鬆幽默的方式來教課，以智慧來開導學生。光是上軍訓課時說一句：「我可是很低調的！」就能引發哄堂大笑。記得有一次，黃教官要教我們哈姆立克法（異物哽塞處理法），那時同學都知道我喜歡吃森永牛奶糖，沒想到教官也知道，對我說：「思源，你就假裝被牛奶糖噎到，讓別人用哈姆立克法來救你。」當天非常的碰巧，我口袋裡剛好有一盒森永牛奶糖。於是，我默默從口袋裡將牛奶糖拿了出來，當下我與教官四目相望沉默了幾秒，彷彿是動畫按了暫停鍵，之後，教官故作驚慌說：「你還真的有！」教官誇張的表情，惹得大家笑翻天。之後，教官要用安妮假人示範心肺復甦術，問大家：「各位，你們覺得學校哪位女老師最漂亮？」大家異口同聲地說出當時大家公認最漂亮的老師（假設她叫「如花」，溪高校友知道的別說，不知道的也別問，噓！）。後來，教官開始示範第一步驟叫喚病人，拍著安妮大喊：「小花，小花，妳怎麼了？」還假裝直接要口對口人工呼吸，教室又傳來一陣笑聲……真像搞笑藝人。

夏思源

♥過去對學校的教官都是停留在電視、電影上的印象，不外乎是糾舉學生的服儀、抓學生翹課、抽菸、偷騎摩托車……似乎學生跟教官就是勢不兩立，一直到成了學校的住宿生，遇到了黃教，才對教官有了另一種看法。

原來軍人也是有「搞笑喇賽」的一面，唱歌一樣也是難不倒他，不只生活上幫助學生處理各種疑難雜症，還能配合我們演出來解決問題，我看真的只剩生小孩這件事黃教官做不到了，哈哈！恭喜教官，太棒了！一日海軍，終身海軍，錨鏈精神啊！

Go Go NAVY！

褚明陽

♥當年，我拿著竹掃帚在晨曦初現的成功大學光復操場上，一邊掃落葉，一邊遠見從臺南後火車站走近的人，心想：「那人身著軍服，八成是學校教官。」教官從側門轉入操場沿著跑道邊逐漸走近榕樹下，到了能辨識的距離時，我便打起精神以丹田運氣，大大喊了聲：「教官早！」教官反倒一臉驚嚇（是我太大聲了）。就因著這樣第一次的打招呼，我認識了正智教官，工讀的時間及場域讓我們有機會相遇，隨著一次次互說早安，到遇見時小聊幾句而逐漸熟悉，直至畢業後想起教官曾有個想寫書的志向，我基於好奇寫信問候了教官，而我親愛的教官也真的在他退休後開啟了他的出書計畫。當我因為有事去南部，想說順便拿教官出的書《青春不如煙》，教官還親切的下廚邀請我去他家吃午餐，至今回想仍餘味猶存。

黃姿勳

♥還記得剛就讀中正高工一年級時，發現課表上有一門課為軍訓教育，當時心想，軍訓課會不會很硬很操？教官會不會很凶？但看到黃教官之後，我放下了心中的疑問，因為教官是位親切且說話溫柔的人，話語間充滿軍旅經歷及人生哲理，時常推薦我們許多好影片、分析國內外局勢、傳授我們許多做人做事的道理等等。每週其實都還蠻期待軍訓課的，比較沒有汽修科專業課的枯燥乏味和壓力。黃教官是一位好軍人、好老師，能讓教官教導真的是個很好的緣分，也因為黃教官的好人緣，才有這麼多的學生喜歡他，祝福教官能有更多的書迷粉絲！

吳睿紘

♥在煩悶的高職學生時光認識了您這一位才華洋溢又幽默風趣的教官，留給了我滿滿歡笑的回憶，謝謝您。即將出版的這本書我一定支持，期待有天我也能成為您作品裡的一分子唷！

趙莉娟

♥高中時，在一次機緣際會下，我與幾個同學遇到教官，從他嚴肅而不苟言笑的表情看得出軍隊的歷練，氣氛立刻變得嚴肅而恐怖，沒想到，他卻突然冒出一聲「ㄟ—嘿——！」讓我們笑翻了，完全顛覆教官形象。後來，我加入了交通服務隊並開始體驗宿舍生活，無意間發現教官真令人驚喜連連，英文能力嚇嚇叫，總能在關鍵時刻講出令人意想不到的冷笑話（是的，常冷得同學們不知如何接話），卻可以適時的讓大家心情或思緒轉向，更神奇的是教官總能自得其樂並沾沾自喜，有著自己的一分自信。教官的幽默與熱血是冰與火的交織——共生共榮，卻不突兀，有幸領略到「教官真諦」的我們實在幸運。

張淇崴

♥八年前的夏天，一群剛升上高中的小毛頭們無法克制興奮的情緒，躁動著。眾人議論紛紛的討論著這一節軍訓課的教官到底會是個怎麼樣的人，是高的矮的胖的瘦的？大家覺得只要不是太嚴厲就好。語落，黃教官穿著海軍的卡其色制服出現，舉手投足間充滿了威嚴且不失優雅，但在開口之後，意外的發現是個很親切的人，很快的和小毛頭們混在一起，完全打翻以往對教官總是板著一張臉且嚴苛的觀感。呵呵，沒想到教官喜歡寫小說，還告訴我以後打算要出書，我也充滿著期待。八年後的現在，非常恭喜教官要出第二本書囉！別忘了，我可一直是您的超級忠實讀者喔！

陳念岑

♥我對教官的第一印象是做了不好的事會被教官請去特別關照，是屬於學校正義的一方，被派來導正校園歪風的，但從我開始申請住校、遇到黃教官後便對此改觀了。正派又帶點詼諧的風格真的讓人印象深刻，我很多不懂的事找黃教官都能解決，不推託、不擺爛、不囉嗦，有效率又善解人意的做事態度，讓人感覺到是有一位大哥在學校挺你。很榮幸有機會當黃教官的學生，也很開心辦活動時有您這位大哥相挺，讓我在高中生活記憶留下不少美好篇章。

簡郁恆

從國小時期，我就是某位女歌手的鐵粉，上了高中熱情依舊不減。某次在校園的公佈欄裡，見到我心儀偶像擔任拒菸大使的海報，不知哪裡來的勇氣，我走向學務處，想詢問師長能否讓我將海報帶回家蒐藏。一進到學務處，黃教官正好坐在裡頭，我膽怯地向教官表達我那小小的心願。只見教官眉頭一皺，我心頭頓時湧上失落感，想說嚴肅的教官應該不可能同意我這種不切實際的行為。沒想到，教官跟我到公佈欄一探究竟後，迅速的打開公佈欄，將海報取下交代我收好，還說：「剛剛發生的事，等一下妳就忘記，我沒有拿海報給妳，知道嗎？」沒想到，教官就這樣成了我的「共犯」。教官幽默風趣的言談、開明的想法，輕易的就和我們這些年輕學子打成一片，能歌善舞的教官更是我們住宿生的偶像。教官謝謝您，讓我的高中生活裡多了一分不一樣的回憶。

楊雅璇

一切都是最好的安排（溪湖高中憶往）

蔡慧登校長在我到溪湖高中報到後，隨即宴請教官室同仁慶祝九三軍人節，那時就體會到校長的熱情與和善。他笑口常開、慈祥和藹，具有一股領袖的魅力，能無形中驅使學校同仁為其效力，可謂是領導的最高藝術。蔡校長外表神似肯德基爺爺，學生也常如此稱他，可見其人氣之高、人緣之佳。

多年來，校長還利用過年或畢業之名，請導師暗中提供家境窮困的學生名單，他再以壓歲錢、畢業禮物等名義，贈送親筆題上「壯行」字樣的紅包，如此義行甚至曾刊載於自由時報。蔡校長服務教育公職四十餘年，桃李滿天下，前後擔任過五所學校校長。

我當時跟過兩位學務主任——蕭建華主任與楊傳益主任。

蕭建華主任處世圓融、待人誠懇，做事有條不紊，常能化繁為簡指導學務工作，讓學務處充滿祥和、上下一心，教官室同仁無不欽服其高效率之領導。他的毅力驚人，一步一腳印的搭建心中的理想往夢想靠近。多年專研苦讀，榮獲國立臺灣師範大學地球科學所博士學位，目前擔任國立大甲高中校長（自二〇一五年八月），假以時日必能提升學生素質，顯現辦學成效。

楊傳益主任勇於任事、玉樹臨風，嚴肅的外表及挺拔的身材常容易讓人望而生畏，若與其共事便知其心思縝密如絲，處事細膩而圓融；其行動如隼鷹迅捷，準確而無絲毫偏差。擔任學務主任期間主動襄助教官處理學生校園意外事件，也常買菜包犒賞教官，讓人點滴在心卻不求回報，號稱「杏壇周潤發」。

楊豪森祕書為人謙遜、活力充沛。充分扮演好每個角色，之後擔任總務及學務主任時亦做得有聲有色。楊祕書具有折衝各方不同意見之專才，為校長分憂、為教職員喉舌、為學生立楷模。雖各種條件優秀，卻不見其鋒芒，修為自持。熱衷於學問上之追求，利用公餘進修，榮獲國立彰化師範大學教育研究所博士，曾擔任國立虎尾高中校長（二〇〇九年八月至二〇一六年八月），其辦學卓然有成，還獲《商業周刊》特別專訪刊登，殊為難得，自二〇一六年八月接任溪湖高中校長。

賴鴻昭主任當時是總務主任，虎背熊腰的身材卻有顆善體人意的胸懷。張鈞權老師和朱建福老師當時都擔任過訓育組長，雖然與教官在業務上的交集較少，但他們幽默風趣卻不失莊重的工作態度讓我獲益良多。

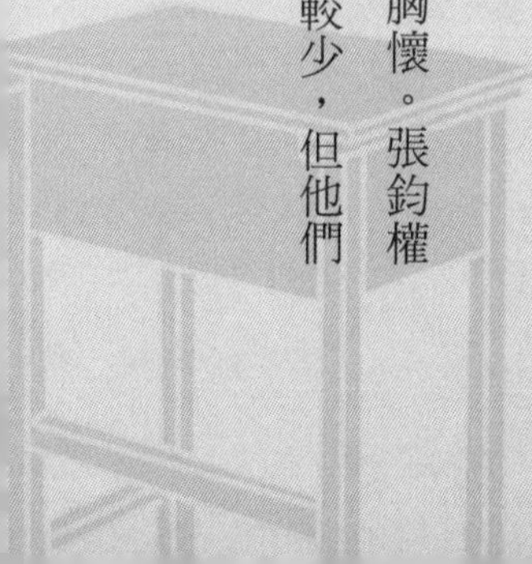

此外，我也曾跟兩位主任教官共事過。

夏國華主教在我到溪高報到第一天就很嚴肅的對我說：「正智，有些高中女生會對教官存有好感，你要把握好分際，潔身自愛。」我很感謝夏主教，沒想到他對我的外表這麼有信心。他沉穩內斂的個性讓我們教官室同仁有如沐春風之感，凡事親力親為、身先士卒，悠游於校內各處室，搭起教官室與校方溝通的橋梁。夏主教多才多藝，擅長油畫、烹飪，對家人呵護無微不至，當選模範父親當之無愧。

陳榮慶主教自律甚嚴，鄙視物質欲望，追尋無止境的精神層面，常利用晨間剪報與教官們討論國家大事、最新科技，提供教官上課之素材。擅長於不可能中擒獲學生違犯校規之情事，令無照騎乘機車之同學聞風喪膽，這種辦案效率，令我等望塵莫及。嚴肅的外表藏著柔軟心腸，能有效達成上級交付任務。

彭化俄教官，我共事的第一位生輔組長。巾幗不讓鬚眉，讓人肅然起敬的英姿，堪稱教官界的偶像，做事積極主動、嫻熟各處室間的合縱連横，人緣極佳、耐操妥當，深為聯絡處各級長官讚許，燦爛笑容是彭教官的註冊商標，常使剛強者融化順從。記得某一次，學生遺失皮夾到教官室報案，她不費吹灰之力便讓小偷無所遁形，連柯南都甘拜下風啊！

另一位生輔組長邱忠興教官擁有慈父般溫馴之性格，甘為家庭做牛做馬、不吐怨言。在校循規蹈矩，恪遵「今日事、今日畢；過了今日就不必」之原則，不拘泥於過去。擅長急行軍跑步，既快且穩，常在校園「辦案」時發揮速度專長，讓投機取巧的同學無所遁形，學校若能將犯錯同學以陪同邱教官跑步方式替代記過處分，一定能有效降低學生的犯錯率，值得各校推廣。

王隆洲教官家住臺中，每日開車通勤，足見他對學校的忠誠。為人謙恭有禮，喜愛大自然，愛好小動物，是個不折不扣的居家好男人。其不苟言笑的表情常讓人誤以為嚴肅難搞，卻常能在不經意間抖出幾個笑話，化解尷尬氣氛，怪不得能憑著個人魅力號召校內的女同學加入春暉社（現已改名為紫錐花社），實為同學之模範、教官之榜樣。

我剛去溪高報到時，林美妙教官正在受訓，由此可見其孜孜不倦、勤奮向學之情操，結訓歸校後喜逢懷孕生子，增產報國的胸懷更讓人肅然起敬。可惜與其共事時間甚短，沒太多機會學習她的諸多優點。

林欣郁教官勤奮教學、襟懷磊落，多次與她前往探視替代役男途中，都能見識到她豪邁的開車作風，技術高超，卻還能遵守交通規則；每次抵達目的地，都讓我體會到生命的美好。對於軍訓課的準備別出心裁，常有過人見解。上級交代任務皆能戮力完成、堅忍不拔，堪稱社會良心。欣郁教官擁有迷人歌喉，足以迷倒眾生，堪稱教官界張惠妹。

傅幻民教官率真不做作、遇事坦蕩不推諉，於恬淡中寓大智慧，是非分明、嫉惡如仇，與她一同巡視校園時，常能深刻體認到同學對她的愛戴，男同學更常藉故靠近，討論國家大事，號稱校園少男殺手。學務主任體恤我住得遠，經常讓我週一早上請半天事假，若我輪到值星而遇上週一升旗時，幻民教官常會非常主動的幫我上臺主持升旗典禮，而且是有借不用還，如此堅持著實少見，真是感激她的體貼。

常家慶教官身材壯似冰箱，個性柔和討喜，由於家住左營，我常常邀他共乘一車，以解歸鄉之愁。凡事與人為善，十足的和平主義者，恃其體型優勢處理學生聚眾鬧事，常能震懾搗蛋學生之魂魄。住校生晚點名後，他偶爾會買些宵夜犒賞我的五臟廟，促膝長談時也常能給我一些另類思考，是個能讓人放鬆的好夥伴。

劉志正教官個性耿直不與人爭，有如老僧入定，笑看塵世浮雲。其溫和的待人方式，贏得同學敬愛。劉教官喜好觀察鳥類習性，尤擅長鴿類，對於鴿子的生活作息、喜怒哀樂、愛恨情仇，皆能詮釋到位，可謂鴿子的最佳代言人，鳥類保護協會若聘他為顧問，定能貢獻長才。若能研發由鴿子傳送各校公文，肯定能奪得諾貝爾特殊貢獻獎（好像沒這個獎）。

謝靜如護理老師個性溫婉灑脫，大器大方，處事簡潔明快，不愛拖泥帶水，常在教官室扮演開心果之功能，妙語如珠。擁有個人獨特的親和力與執行力，將護理知識恰如其分的融入課程，深受學生喜愛。我記得離開溪高遷調回成功大學前，蔡校長舉辦過歡送餐會，她是第一個跟我要「抱抱」的，她是我這輩子抱過的第三個女人，緊跟在我媽、我老婆之後，對我來說具有劃時代的意義。

蔡智媚護理老師為人懇切熱忱、不忮不求，由於熟稔養生之道，常能吃到其奉獻之提振精神、生津化痰的蜜餞，具有消除工作煩悶積鬱的神奇功效，至今我還記得那份溫馨的酸甜滋味。此外，智媚老師看事情常能一針見血，顯現智慧結晶。

陳政芳老師當時擔任活動組長，謙謙君子、溫文儒雅。與其交談常會有茅塞頓開之感，對於人生常有獨樹一格之見解。喜愛攝影，總能捕捉到不為人察覺的大自然之美，經常將校園花草蟲鳥拍出令人驚豔的意境。教育孩子卓然有成，其子陳奕勇為世界級優秀的小提琴家。

洪淑女老師，時任衛生組長，氣質脫俗、高雅大方，其辦公室就在學務處隔壁的健康中心。記得有一次我在孜孜不倦的準備上課教材，拚命的敲打鍵盤，突然一陣清香飄然而來，接著便看到淑女老師神態自若的騰雲駕霧而過，由於我的座位最靠近走道，每次都能第一時間欣賞到她的服裝表演，十足有提神的效果，溪高果然是臥虎藏龍啊！

以上列舉不過是鳳毛麟爪，還有許多同事的善心義舉都在不經意間滋潤了我。或許有人覺得不真實，溪高的工作夥伴渾身上下盡是優點，人怎麼可能沒缺點？但我搔了搔頭，想了又想，還真是找不到缺點。相信我，我已經很努力的在雞蛋裡挑骨頭了，在我腦海中和這些同事相處的過往盡是美好回憶。人家說初戀最難忘，一點都不錯，溪湖高中是我服務的第一所學校，這些好同事都是我的老師；礙於篇幅，這兩年半的時光中，僅能提及與我工作上互動較多的同事。身為溪高服務團隊的一分子，是我的榮幸。

我教官考了兩次，若我第一次就錄取，就不會被分發到溪湖高中。現在回想起來，老天很夠意思，憐憫我第一次失敗所流淌的淚水，於是在第二次考上後極力的補償我，讓我來到這所學校結識摯友、為學生服務，所以一切都是最好的安排！

12
最猛職人

12

最猛職人